शादी का जोकर

[कहानी संग्रह]

शादी का जोकर

अब्दुल बिस्मिल्लाह

राजकमल प्रकाशन

ISBN : 978-81-267-2498-7

मूल्य : ₹ 295

पहला संस्करण : 2013
दूसरा संस्करण : 2016

प्रकाशक : राजकमल प्रकाशन प्रा. लि.
1-बी, नेताजी सुभाष मार्ग, दरियागंज
नई दिल्ली-110 002
शाखाएँ : अशोक राजपथ, साइंस कॉलेज के सामने, पटना-800 006
पहली मंज़िल, दरबारी बिल्डिंग, महात्मा गांधी मार्ग, इलाहाबाद-211 001
36 ए, शेक्सपियर सरणी, कोलकाता-700 017
वेबसाइट : www.rajkamalprakashan.com
ई-मेल : info@rajkamalprakashan.com

मुद्रक : बी.के. ऑफसेट
नवीन शाहदरा, दिल्ली-110 032

SHAADI KA JOKER
Stories by Adbul Bismillah

भूमिका

पिछले कई वर्षों से कहानी-लेखन की मेरी रफ़्तार थम-सी गई है। मुख्यतया उपन्यास-लेखन में लगे रहने से-जिसमें सोचने की प्रक्रिया भी शामिल है-तथा कुछ अन्यान्य कारणों से भी ऐसा हुआ है। सम्भव है कालान्तर में स्थिति बदले, पर अभी कुछ कहा नहीं जा सकता। फ़िलहाल तो नई-पुरानी कहानियों का यह संकलन आपके समक्ष प्रस्तुत है।

इस संग्रह की दो कहानियाँ 'इन्दिराज' और 'रक्षादूत' पहले एक किताब में छप चुकी हैं, लेकिन मुझे नहीं लगता कि वे व्यापक पाठक समुदाय तक पहुँची होंगी। अत: 'राजकमल' के पाठकों हेतु इन्हें इस संग्रह में संकलित किया जा रहा है। कृपया इसे अन्यथा न लें।

–अब्दुल बिस्मिल्लाह

अनुक्रम

ख़ून

उनका इन्तक़ाल अचानक हुआ था।

उन दिनों अपने फ़्लैट में वे अकेले रहते थे। बीवी बेटे के पास कनाडा गई हुई थीं। फ़्लैट में उनके अलावा बस एक नौकर था। पन्द्रह-सोलह साल का लड़का। वह उन्हें चाय-नाश्ता या खाना देकर सर्वेंट क्वार्टर में चला जाता था। ऑफ़िस से लौटने के बाद वे अपने कमरे में अकेले पड़े रहते थे। वे एक बहुत बड़े सरकारी ओहदे पर थे, जहाँ किताबों का कोई काम नहीं था। मगर उनके कमरे में किताबें भरी हुई थीं। वे क्लासिक्स के दीवाने थे। 'दीवाने-मीर' को सिरहाने रखते थे। कीट्स को पढ़ते-पढ़ते 'अभिज्ञान शाकुन्तलम्' का अंग्रेज़ी अनुवाद पढ़ने लगते थे। हिन्दी नहीं जानते थे, मगर ख़ुद को हिन्दी का विद्वान कहते थे। सबूत देने के लिए निराला की पंक्तियाँ सुनाते थे और उनकी व्याख्या भी करते थे। कम्युनिस्ट नहीं थे, मगर कार्ल मार्क्स को अक्सर उद्धृत किया करते।

एक रोज़ ऑफ़िस में कई महत्त्वपूर्ण फ़ाइलों से गुज़रते हुए उन्होंने थकान का अनुभव किया और घर आ गए। उनके शोफर ने फ़ोन पर उनके फ़ैमिली डॉक्टर को इस बात की सूचना दे दी। डॉक्टर तत्काल उनके आवास पर पहुँचे और पाया कि उन्हें हल्का-सा बुख़ार था।

मगर तमाम उपचार के बावजूद वह बुख़ार लगातार चार दिनों तक बना रहा। उनके फ़ैमिली डॉक्टर ने तय किया कि उन्हें अगले दिन अस्पताल में भर्ती कराना होगा। उस सुबह, इसी उद्‌श्देय से डॉक्टर उनके आवास पर पहुँचे और उन्होंने उन्हें अपने कमरे में मृत पाया। उनके बिस्तर के पास, नीचे एक गिलास लुढ़का पड़ा था और उनका दाहिना हाथ उसी तरफ़ फैला हुआ था। नौकर से पता चला कि वह उन्हें रात में पानी देकर उस कमरे से निकल गया था।

सूरज की किरणें भले ही देर से पृथ्वी पर फैली हों, पर उनके निधन का समाचार आनन-फानन में जंगल की आग की तरह चारों ओर फैल गया।

लोग उनके शव को ऑफ़िस के प्रांगण में ले आए। उन्हें ख़ाली किए गए

एक हॉल में, एक चौकी पर बर्फ़ की सिल्लियों के दरम्यान लिटा दिया गया। बग़ल के दो अलग-अलग कमरों में क़ुरानख़्वानी की व्यवस्था की गई। एक कमरे में मर्द और दूसरे कमरे में औरतें। आसपास की मस्जिदों से फटाफट क़ुरान मजीद के 'पारे' आ गए। पूरा माहौल क़ुरान मजीद की आयतों से गूँज उठा।

उनके पी.ए. मिस्टर आनन्द राघवन ने कनाडा फ़ोन मिलाया। उनके बेटे और उनकी बीवी को उनके इन्तक़ाल की सूचना दी। बीवी ने कहा, फ़ोन पर, कि बेटा-बहू तो नहीं आ सकेंगे, यहाँ पिकासो पर एक सेमिनार हो रहा है, जिसमें 'मुग़लई डिश' वाले स्टॉल की ज़िम्मेदारी इन्हीं पर है, हाँ, वो आ रही हैं। मगर फ़्लाइट की टाइमिंग ऐसी है कि परसों रात से पहले पहुँच पाना नामुमकिन है। इसलिए बेहतर यही होगा-क्योंकि उधर तो गर्मी का बुरा हाल होगा-कि उन्हें आज ही दफ़ना दिया जाए। जब उनसे यह कहा गया कि कल तक आ जाइए, तो जवाब मिला कि उनकी वह अँगूठी कल शाम तक मिलेगी, जिसमें 'अम्बर' का नग लगना है और असली अम्बर तो यूरोप के किसी समन्दर से आता है।

गर्मी का वाक़ई बहुत बुरा हाल था। बर्फ़ की सिल्लियाँ पिघल-पिघल कर नालियाँ बन जाती थीं। नई सिल्लियों के आने में ज़रा-सी देर होती थी तो लोगों को शव से बदबू आने का अन्देशा होने लगता था। मगर वे इतने बड़े पद पर थे कि लोग उनके शव से भी भयाक्रान्त थे। कोई कुछ बोलता नहीं था, सिर्फ़ परेशान नज़र आता था।

और सबसे ज़्यादा परेशान थे उनके पी.ए. मि. आनन्द राघवन, जिन्हें एक मौलाना से यह मालूम हुआ था कि शव को दफ़नाने से पूर्व जनाज़े की जो नमाज़ होगी, उसके लिए 'सर' (अपने ऑफ़िस और पूरे विभाग में वे इसी शब्द से जाने जाते थे) के किसी सगे रिश्तेदार से अनुमति लेनी ज़रूरी है। तो, जब एक हॉल में रखी एक चौकी पर, बर्फ़ की सिल्लियों के बीच लेटा हुआ उनका जिस्म, शहर के गण्यमान्य लोगों के द्वारा किए जा रहे अन्तिम दर्शन से रू-ब-रू था और ऑफ़िस के प्रांगण में क़ुरान मजीद की आयतें गूँज रही थीं, मौलवी बरक़त उल्लाह के एक आसान से सवाल ने मिस्टर आनन्द राघवन को भारी उलझन में डाल दिया। सवाल था-'सर' की नमाज़े-जनाज़ा की इजाज़त कौन देगा?

मिस्टर आनन्द राघवन ऑफ़िस प्रांगण के बाहर एक नक़ली झील के पास चिन्तामग्न बैठे थे। चिन्ता का कारण मौलवी बरक़त उल्लाह साहब का वही सवाल था-सर की नमाज़े-जनाज़ा की इजाज़त कौन देगा?

सवाल तो वाजिब था, मगर मिस्टर आनन्द राघवन को अजीब लग रहा था। कहाँ तो लोग बात-बात के लिए 'सर' की इजाज़त लिया करते थे और आज हालत यह है कि उनके शव को इजाज़त की ज़रूरत है। कौन देगा नमाज़े-जनाज़ा की इजाज़त? मौलवी बरक़त उल्लाह का कहना था कि कोई सगा रिश्तेदार ही इजाज़त दे सकता है।

सगा रिश्तेदार?

मि. आनन्द राघवन कहाँ से ढूँढ़कर लाएँ अपने 'सर' का सगा रिश्तेदार? अगर किसी मंत्री या उद्योगपति या फ़िल्म अभिनेता या किसी भी तरह की शख़्सियत की इजाज़त से काम चल जाता तो मि. आनन्द राघवन कोई न कोई उपाय कर लेते। मगर सगा रिश्तेदार?

इस बीच कई लोगों ने इधर-उधर फ़ोन करके अपने तौर पर इस बात का पता लगाने की कोशिश की, कि इस शहर में 'सर' का कोई सगा न सही, दूर का रिश्तेदार भी मिल जाए तो काम चला लिया जाए। कनाडा भी फ़ोन किया गया, मगर न तो उनकी बीवी को ऐसे किसी रिश्तेदार का इल्म था और न ही बेटे को। बल्कि बेटे ने यह सलाह दी कि किसी को भी रिश्तेदार बनाकर खड़ा कर दो। बदले में उसे कुछ 'पे' कर देना।

मिस्टर आनन्द राघवन को यह बात जँची नहीं, उलटे बुरा लगा। एक दिन सभी को मरना है। मरकर भगवान के पास जाना है। वहाँ क्या मुँह दिखाएँगे? भगवान ने अगर पूछ लिया कि तुमने अपने 'सर' के अन्तिम संस्कार के लिए किराए का रिश्तेदार खड़ा किया था? तो? तो क्या जवाब देगा वह?

मिस्टर आनन्द राघवन अभी इसी उधेड़बुन में थे कि उनके ऑफ़िस का चपरासी राजाराम उनके सामने आकर खड़ा हो गया। वह तीन दिनों की छुट्टी लेकर अपने गाँव गया हुआ था, मगर टी.वी. पर 'सर' की मृत्यु का समाचार सुनते ही वह हाज़िर हो गया था।

"सर का एक रिश्तेदार है यहाँ। मैं जानता हूँ उसे।" चपरासी ने यह वाक्य इस तरह बोला, मानो वह इसी वाक्य को बोलने के लिए अपनी छुट्टी रद्द करके आया हो।

मिस्टर आनन्द राघवन ने उसे बिलकुल सरकारी नज़र से देखा-यह सोचते हुए कि यह तो पूरी हाइरार्की भंग हो रही है। जो काम पी.ए. नहीं कर सका, वह चपरासी करनेवाला है।

"राजाराम, होश में तो हो!" मिस्टर आनन्द राघवन ने चपरासी को डाँटा, "सर की वाइफ़, उनके सन...किसी को कुछ नहीं पता, और तुम कह रहे हो कि..."

"हाँ सर, मैं कह रहा हूँ कि मैं उनके एक रिश्तेदार को जानता हूँ। आप सर, आप भी याद कीजिए, एक नौजवान यहाँ नौकरी की तलाश में आया था और साहब ने उसे यह कहकर टाल दिया था कि बाद में आना। सर, वह नौजवान साहब की वाइफ़ की सगी बहन का बेटा था और वह इसी शहर के जहाँगीराबाद इलाक़े में औरंगज़ेबनगर झुग्गी कॉलोनी में रहता है।"

मिस्टर आनन्द राघवन को सब कुछ याद आ गया। और तमाम कारें औरंगज़ेबनगर की झुग्गी कॉलोनी की तरफ़ दौड़ पड़ीं।

औरंगज़ेबनगर की झुग्गी कॉलोनी में भीड़ लग गई। मीडिया की टीम पहले ही पहुँच गई थी।

झुग्गी नम्बर 13।

हाँ, झुग्गी नम्बर 13 में ही वह नौजवान रहता था, जिसकी माँ 'सर' की बीवी की सगी बहन थी। उस नौजवान का नाम था असलम। असलम ही चपरासी की नौकरी के लिए उनके ऑफ़िस में गया था।

झुग्गी नम्बर 13 में असलम अपनी बीवी और अपने दो बच्चों के साथ रहता था। सरकारी गाड़ियों और मीडिया के कैमरों वग़ैरह को देखकर वहाँ सन्नाटा छा गया। मिस्टर आनन्द राघवन ने असलम से बात की–

"असलम साहब, बात ये है कि बड़ी मुश्किल से आपका पता चला है कि आप हमारे 'सर' के सगे रिश्तेदार हैं।"

"जी..."

"आपको तो पता होगा कि नमाज़े-जनाज़ा की इजाज़त देनी होती है...किसी सगे रिश्तेदार को..."

"जी..."

"आप हमारे साथ चलिए, हमारी गाड़ी में। नमाज़े-जनाज़ा की आप इजाज़त दीजिए। फिर हम यहीं आपको छोड़ जाएँगे।"

"मगर साब," भीतर से असलम की बीवी बोली, "इनकी तबीयत ठीक नहीं रहती, रस्ता चलते बेहोश हो जाते हैं..."

"डोन्ट वरी, मतलब फ़िक्र न करो! वहाँ गाड़ी से ले जाएँगे और गाड़ी से ही यहाँ छोड़ देंगे। काम कुछ नहीं है, बस क़ब्रिस्तान के पास खड़ा होना है और जनाज़े की नमाज़ के लिए इजाज़त देना है। बस, मुँह से बोलना है, और कुछ नहीं।"

असलम की बीवी ख़ामोश हो गई, मगर इशारे से उसने अपने शौहर को भीतर बुलाया।

"अभी आया।" यह कहकर जब शौहर भीतर गया तो बीवी ने उसे समझाया–

"बड़े आदमी हैं, सब कुछ सोच-समझकर करना। न हो तो अपने काम का दाम माँग लेना।"

"तौबा-तौबा," असलम झुँझलाया, "इस तरह के काम का भी कोई सौदा तय करता है? वो हमारे ख़ालू हैं, उनकी मिट्‌टी में शामिल होने का मौक़ा मिल रहा है, हमारे लिए यही बहुत है।"

और असलम बाहर आ गया।

वह आनन्द राधवन की गाड़ी में बैठ गया। "अच्छा, मिस्टर असलम," आनन्द राघवन ने रास्ते में पूछा, "वैसे तो यह नेक काम है, तुम्हारा फ़र्ज़ भी बनता है मगर इस काम के लिए तुम कुछ लोगे क्या? सौ, दो सौ, पाँच सौ या फिर हज़ार...हमारा डिपार्टमेन्ट तुम्हें 'पे' कर सकता है।"

"हुज़ूर ऐसा है कि–" असलम ने हकलाते हुए कहा, "वो तो हमारे सगे ख़ालू थे, उनके जनाज़े की नमाज़ हमारी इजाज़त से होगी। यही हमारे लिए बड़ी बात है। अब इस बात का भी हम सौदा करेंगे? नहीं हुज़ूर, ई तो हमारा फरज है। हाँ, बस एक इलतिजा है..."

"क्या?"

मिस्टर आनन्द राघवन ने गाड़ी को ब्रेक लगाई। गाड़ी झटके से रुक गई। उन्होंने असलम को घूरकर देखा।

"हुज़ूर, आप परेशान न हों।" असलम ने सहज स्वर में कहा, "हमारी बस, एक इलतिजा है कि सबसे पहले हमीं उन्हें मिट्‌टी दें...।"

मिस्टर आनन्द राघवन कुछ नहीं बोले। गाड़ी उन्होंने आगे बढ़ा दी।

'सर' का जनाज़ा धूमधाम से निकला और क़ब्रिस्तान के पास एक बाग़ में पहुँचकर रुक गया। लोग जनाज़े की नमाज़ के लिए खड़े हुए। मौलवी बरक़त उल्लाह ने मिस्टर आनन्द राघवन की ओर देखा। उन्होंने असलम को आगे कर दिया–

"हाँ तो असलम," मौलवी साहब ने पूछा, "इजाज़त है?"

"जी, इजाज़त है।"

असलम के इतना कहते ही जनाज़े की नमाज़ शुरू हो गई।

अभी जनाज़े की नमाज़ ख़त्म भी न हो पाई थी कि वहाँ काले रंग की कई बड़ी-बड़ी कारें पहुँच गईं, जिनके इंजन पर तरह-तरह के झंडे लगे हुए थे।

"एम्बेसेडर्स...एम्बेसेडर्स आए हैं। बाहरी मुमालिक के।"

"हमारे प्रधानमंत्री जी भी आए हैं।"

"और प्रेसीडेंट भी।"

नमाज़ से फ़ारिग़ लोगों के संवाद गूँजे और पूरी फ़िज़ा एक अजीब-सी अफ़रातफ़री में डूब गई।

लोग जनाज़े को उठाकर जब ताज़ा-ताज़ा खुदी हुई क़ब्र की तरफ़ बढ़े, तो किसी को यह होश नहीं था कि वह इस रू-ए-ज़मीं के किस टुकड़े पर चल रहा है।

असलम का बीमार जिस्म उस हुजूम के जंगल में आगे बढ़ने की कोशिश कर रहा था, मगर किसी ने उसे ऐसा धक्का दिया कि वह ज़मीन पर गिर पड़ा और अन्य लोग उसके ऊपर से उझक-उझककर आगे बढ़ने लगे।

असलम किसी तरह उस जंगल से बाहर आया और एक दूसरे जंगल में घुस गया। उस जंगल से निकला तो सामने तीसरा जंगल था। यानी बस स्टॉप के सामने झुग्गियों की वह बस्ती, जहाँ उसकी बीवी इस इन्तज़ार में थी कि उसके शौहर फिर किसी शानदार गाड़ी में लौटेंगे।

असलम बिस्तर पर पड़े थे।

बीवी कुछ पूछने की कोशिश करती तो बिगड़ जाते थे। खाने को पूछा तो और बिगड़ गए।

"हमारे ख़ालू नहीं रहे अउर तुम खाने को कहती हो? आख़िर वो ख़ून थे हमारे।"

बीवी ख़ामोश हो गई। बच्चों को खिलाकर सुला दिया और ख़ुद भी लेट गई।

अचानक देर रात असलम के बड़बड़ाने की आवाज़ आई-

"ए पप्पू की अम्माँ! यहाँ तो आओ!"

असलम की बीवी उठकर शौहर के पास आई।

"वो देखो, देखो-देखो, हेलीकाप्टर खड़ा है। वो देखो, हमारा ख़ालूज़ाद भाई आया हुआ है। कनाडा से, देखो तो, क्या-क्या लाया है हमारे लिए? कपड़े, खाने की चीज़ें, मकान बनाने के लिए बनी-बनाई दीवारें, छत, छत पर रखने के लिए गमले...और...और वो देखो, उसके हाथ में एक काग़ज़ भी है। ख़ालू मजबूर थे न, यहाँ हमें नौकरी नहीं दिला पाए, मगर वो लाया है हमारी नौकरी का काग़ज़। अब तुम बनोगी रानी, हम बनेंगे राजा। और राज करेगी हमारी औलाद। हमारी ये झुग्गी बस्ती, हमारा सारा गाँव, हमारी सारी दुनिया!"

असलम की वह आवाज़ सिर्फ़ झुग्गी नम्बर 13 में नहीं, बल्कि पूरी झुग्गी बस्ती में गूँज उठी और रात के उस अन्तिम पहर में झुग्गी बस्ती के तमाम लोग असलम की झुग्गी के बाहर जमा हो गए।

"असलम क्या पागल हो गया है?"

किसी ने कहा तो असलम की बीवी को होश आया। बोली–"पता नहीं, शाम को क़ब्रिस्तान से लौटे हैं।"

"ज़रूर, क़ब्रिस्तान में ही किसी आसेब का साया पड़ा होगा।" किसी ने कहा।

"वो देखो, लाल... ख़ून..." असलम की आवाज़ आई, "हमारे ख़ालूज़ाद भाई लाल, एकदम ख़ून के रंग का सूट पहने हुए हैं। आओ भाई, गले तो मिल लो...।"

और देखा गया कि असलम के मुँह से जो ख़ून निकला, वह उसके पूरे जिस्म पर फैल गया।

फिर कहीं से कोई आवाज़ नहीं आई।

बया, जून 2007

क़िस्सा फ़क़ीर मुहम्मद 'फ़क़ीर' का

कल मतदान है।

लेकिन न कहीं कोई पोस्टर है, न झंडा, न नारे, न वादे। कहीं कोई लाउडस्पीकर नहीं बज रहा है। कहीं कोई भाषण नहीं दे रहा है। न अपने प्रतिद्वन्द्वी को कोई गाली दे रहा है और न अपनी महिमा का बखान कर रहा है।

जी नहीं...प्रचार का समय समाप्त हो गया है, ऐसा बिलकुल नहीं है। समय तो तब समाप्त होता, जब कोई प्रचार होता। यहाँ मुद्दत से कोई प्रचार नहीं। बस, अचानक तय हुआ कि चुनाव हो जाए और मतदान का समय निर्धारित हो गया।

कोई मतपेटिका नहीं। कोई मतदान अधिकारी नहीं। कोई मतदान केन्द्र नहीं। जी हाँ, यहाँ बेसिक प्राथमिक पाठशाला के अध्यापक की ड्यूटी भी नहीं लगी है...

आश्चर्य? आप आश्चर्य कर रहे हैं? किस बात पर?

भला इस तरह भी कहीं चुनाव होता है? न कोई गहमागहमी, न शोर-शराबा, मर्डर, न फ़साद...क्या यह मुमकिन है?

जी, और कहीं हो या न हो, हमारे मुल्क में मुमकिन है। यह सिर्फ़ यहीं मुमकिन है कि बेसिक प्राथमिक पाठशाला का मुदर्रिस भी चुनाव लड़ सकता है।

सच तो यह है कि इससे बड़ा कोई झूठ नहीं। यह आदमी, जो इस जन्म में बेसिक प्राथमिक पाठशाला का अध्यापक हो गया है, एक लाख चौरासी हज़ार दफ़ा जन्म लेने के बाद भी चुनाव नहीं लड़ सकता। क्यों, जानते हैं? चुनाव वही लड़ता है जिसकी कोई बैकग्राउंड होती है। और यह? इसकी बैकग्राउंड का अन्दाज़ा इसके नाम से लगा सकते हैं। फ़क़ीर मुहम्मद। मुहम्मद को छोड़िए, यह तो किसी भी नाम के साथ अपने आप लग जाता है। असल में तो फ़क़ीर को ही देखना चाहिए। अब कहाँ तो शौक़त अली, मुहम्मद अली और जिन्ना वग़ैरह और कहाँ फ़क़ीर... फ़क़ीर अगर चुनाव लड़कर मंत्री हो जाए, तो इस मुल्क में

फ़क़ीरी कौन करेगा? मगर अफ़सोस, कि फ़क़ीर मुहम्मद खुलेआम फ़क़ीरी भी नहीं कर सकते। क्यों, जानते हैं? वही बैकग्राउंड?

(मुझे इस बात का हार्दिक क्लेश है कि मैं एक कहानीकार की तरह पाठकों को उलझा रहा हूँ और फ़क़ीर मुहम्मद का बैकग्राउंड नहीं बता रहा हूँ...कल जिनके भाग्य का फ़ैसला होनेवाला है।)

फ़क़ीर मुहम्मद की बैकग्राउंड

फ़क़ीर मुहम्मद उर्फ़ फ़क़ीर मुहम्मद 'फ़क़ीर' के वालिद सरकारी अस्पताल में चिकित्सक थे। लम्बा, छरहरा बदन। नाक लम्बी, नुकीली। आँखें भूरी। और रंग...एकदम सफ़ेद, बीच-बीच में लाली लिये हुए। शायद वह कोई चर्म रोग ही था-जन्मजात, मगर डॉक्टर होते हुए भी जब वही यह सब नहीं मानते थे तो दूसरे भला क्यों मानते! उनके लिए तो वे अंग्रेज़ थे। ख़ैर, कुछ भी हो, सफ़ेद चूड़ीदार पाजामा और भूरी शेरवानी में वे ख़ूब फबते थे। उनकी ललछौंही दाढ़ी और भूरी मूँछों के बीच, पतले-पतले होंठों के पार, तराशे हुए दूध जैसे दाँत जब चमकते तो देखनेवाला दंग रह जाता। उन दाँतों में सम्मोहन था। दाँतों के पार, गले से जो आवाज़ निकलती थी उसमें जादू था। वे क़ुरान शरीफ़ का पाठ बड़ी लयात्मकता से करते थे। पाठ क्या करते थे, ऐसा लगता था मानो गा रहे हों।

फ़क़ीर मुहम्मद 'फ़क़ीर' की माँ एक खाते-पीते घर की लड़की थीं। शक्ल-सूरत सामान्य। रंग दबता हुआ-सा। क़द नाटा। ग़रारा पहनती थीं, हाथों में छोटी-छोटी बचकानी चूड़ियाँ। दुबली थीं न! मगर हिम्मत? हिम्मत में शौहर से दुगुनी थीं। तनख़्वाह बहुत कम थी शौहर की-मगर कभी इस बात का एहसास नहीं होने देती थीं। पढ़ी-लिखी ज़्यादा नहीं थीं, बस मिडिल पास थीं। मगर पढ़ने का शौक़ बहुत था। हमेशा उर्दू के नॉवेल लिये बैठी रहती थीं। इब्ने सफ़ी, ए. हमीद...वग़ैरह वग़ैरह...

फ़क़ीर मुहम्मद 'फ़क़ीर' सात भाई थे। बहन कोई नहीं थी। जिस घर में ये लोग रहते थे, वह इनकी माँ को एक तरह से दहेज में मिला था। नाना का घर बग़ल में ही था, उनका प्रेस का कारोबार था। शायद इसीलिए फ़क़ीर मुहम्मद 'फ़क़ीर' ने अपनी ज़िन्दगी में जो पहली कला सीखी, वह थी कम्पोजिंग।

(पहली 'कला' इसलिए कि फ़क़ीर मुहम्मद 'फ़क़ीर' को अनेक कलाएँ आती हैं, सिवा चुनाव लड़ने के)

ये लोग-यानी फ़क़ीर मुहम्मद 'फ़क़ीर', इनके माता-पिता और अन्य छह भाई जिस मकान में रहते थे, उसकी बनावट अजीब थी। पहले एक लम्बोतरा-

सा कमरा था, जिसमें दो तख़्त बिछे हुए थे। पीछे की तरफ़ एक अलमारी थी। उसमें उर्दू-फ़ारसी की फटी-पुरानी किताबें ठुँसी हुई थीं। उससे सटी हुई एक दूसरी अलमारी भी थी, बग़ल वाली दीवार से सटी, जिसमें दवाएँ रखी रहती थीं। कमरे में, ठीक खिड़की के सामने, एक छोटी-सी मेज़ थी। उस पर फ़क़ीर मुहम्मद 'फ़क़ीर' का क़ब्ज़ा था, क्योंकि ये इंटर में पढ़ते थे। इनसे छोटा भाई हाई स्कूल में था। उससे छोटा छठे में। उससे छोटा पाँचवें में। उससे छोटा चौथे में। और बाक़ी दो बहुत छोटे थे। एक चल लेता था, दूसरा चलने की कोशिश करता तो गिर पड़ता था...।

इस लम्बोतरे कमरे से बाहर एक गड्ढा था, जो आँगन कहलाता था। गड्ढे के ऊपर दो तरफ़ गलियारे जैसे बने हुए थे। गड्ढे से सटकर, एक तरह से तहख़ाने में, एक छोटी-सी कोठरी थी। वह कोठरी भी फ़क़ीर मुहम्मद 'फ़क़ीर' की माँ की तरह ही बहुत हिम्मतवाली थी। वह बेडरूम भी थी, किचन भी और स्टोर भी...उसकी दीवारों ने क्या-क्या देखा था, क्या-क्या सहा था, क्या-क्या सोचा था...पता नहीं। उन दीवारों को कितनी कलाएँ आती थीं, पता नहीं। मगर उनकी क़ैद में रहनेवाली वह नाटी-सी स्त्री साक्षात् कला थी। फ़क़ीर मुहम्मद 'फ़क़ीर' ने सारी कलाएँ शायद उसी से सीखी थीं।

(यहाँ यह बता देना ज़रूरी है कि फ़क़ीर मुहम्मद 'फ़क़ीर' अपनी माँ को अम्माँ, अम्मी या मम्मा वगैरह नहीं, बल्कि आपा कहते थे। मुसलमानों के यहाँ 'आपा' बहिन को कहा जाता है। यह बताना अब ज़रूरी हो गया है, क्योंकि छोटे-छोटे बच्चे भी अब पूछने लगे हैं कि मुसलमानों के यहाँ क्या होता है? हिन्दुओं के यहाँ क्या होता है?)

आपा से जुड़कर रहने में जो आज़ादी है, वह अम्मा से जुड़कर रहने में नहीं है। अम्मा घुड़क दे तो बोलती बन्द हो जाएगी। और आपा? उसे तो सिर्फ़ इतना कहकर रुलाया जा सकता है, कि मैं तेरी शादी के दिन ग़ायब हो जाऊँगा।

फ़क़ीर मुहम्मद 'फ़क़ीर' की कलाएँ

फ़क़ीर मुहम्मद 'फ़क़ीर' में इतनी प्रतिभा नहीं थी कि वे जन्म लेते ही कलाकार हो जाते। यानी वे पैदाइशी कलाकार नहीं थे। होते, तो आज न जाने कहाँ होते! संसार की हर बेहतरीन जगह पर पैदाइशी कलाकार विराजमान हैं। पर वे तो ज़रूरत के हिसाब से कलाकार बनते चले गए। नाना का प्रेस था, इसलिए कम्पोजिंग सीख ली। मामुओं की मदद करने के लिए। पिता क़ुरान शरीफ़ की आयतों को बिरहा और कजरी की तरह गा लेते थे, इसलिए नक़ल कर-करके

गाना सीख लिया–निहायत सोज़ के साथ। माँ से क़िस्से-कहानियाँ सुन-सुनकर चित्र बनाना सीख लिया। नदी किनारे एक झोंपड़ी थी, उसके पास से एक साफ़–सुथरी सड़क गुज़रती थी...नदी के पास चिड़ियाँ उड़ती थीं...वग़ैरह। और पिता की तनख़्वाह इतनी नहीं थी कि बच्चे हरदम नए कपड़े पहनते घूमते, इसलिए पुराने कपड़े पर पैबन्द लगाना, बड़ों के कपड़ों को छोटों के कपड़ों में तब्दील करना और छोटे–छोटे टुकड़ों से नेकर बना लेना भी सीख गए।

इस तरह फ़क़ीर मुहम्मद 'फ़क़ीर' शायर, चित्रकार, गायक, कम्पोजिटर और टेलर क़रीब–क़रीब एक साथ ही बन गए।

मगर इनसे भी बढ़कर जो कला इन्होंने सीखी, उसे अपने तक सीमित नहीं रखा। वह कला अपने सभी भाइयों को इन्होंने सिखा दी। (हो सकता है, इनके माता–पिता ने सिखाई हो, पर कहानी में इसी तरह लिखा जाता है कि इन्होंने सिखाई वरना पाठक इन्हें हीरो मानने से इनकार कर सकते हैं।)

घर में ग़रीबी थी। इसलिए ब्रेकफास्ट, लंच और डिनर का बाक़ायदा एहतिमाम नहीं हो पाता था। मगर बाहर का कोई आदमी जब भी पूछता, "आज क्या पकाया था तुम्हारी आपा ने?" जवाब मिलता–"गोश्त...अंडे का सालन...बट कलेजी...मटर पुलाव...बेसनी रोटी और क़ीमा...।" मुहल्लेवाले लाख कोशिश करते कि सात में से कोई एक भाई तो उगल दे सच, मगर सच वही होता जो पहला भाई कह देता...

(शब्दों के अर्थ भी विचित्र होते हैं। हम कहते हैं, यह सच है। हम कहते हैं, यह झूठ है। हम कहते हैं, यह जूता है। हम कहते है, यह पेड़ है। कल्पना कीजिए कि अगर पेड़ को जूता कहा गया होता और जूते को पेड़, तो आज एक नीम के पेड़ को देखकर कहते कि जूते पर फूल आ रहे हैं। और बाटा की दुकान में जाते हुए बोलते–यार, आज मैं पेड़ पहनने जा रहा हूँ...)

ठीक यही हाल हुआ है 'प्रेम' शब्द का। हमें बताया गया है कि प्रेम एक अनुभूति है। सो, आज अगर कहा जाए कि प्रेम एक कला है तो कैसा लगेगा?

मगर फ़क़ीर मुहम्मद 'फ़क़ीर' के लिए तो 'प्रेम' भी एक कला की तरह ही रहा है। विशुद्ध कला। बाप के पैजामे को बेटे का नेकर बनाने की कला जैसा...

फ़क़ीर मुहम्मद 'फ़क़ीर' का एक दोस्त था। आठवें में पढ़ता था। नाम इतना मुश्किल था कि बार–बार पुकारने में गलफड़ दुखने लगते थे। तसद्दुक़ रज़ा रिज़वी। सो फ़क़ीर मुहम्मद 'फ़क़ीर' उसे सिर्फ़ रिज़वी कहता था। वह भी इन्हें फ़क़ीर बल्कि अबे फ़क़ीर कहता था। इन्होंने एक बार एतराज़ किया तो

बोला, फ़क़ीर कहकर मैं तुम्हारी इन्सल्ट थोड़े करता हूँ। यह तो तुम्हारा तख़ल्लुस है न। ग़ालिब को 'मिर्ज़ा ग़ालिब' कहकर ही काम चलाते हैं। तुम्हारे नाम में 'मिर्ज़ा' जैसा कोई लफ़्ज़ फिट नहीं होता, इसलिए मैं 'अबे' लगा देता हूँ।

'मगर ख़बरदार जो मेरे नाम के साथ 'अबे' लगाया। सैयदों के नाम ही ऐसे होते हैं कि अबे-तबे लगाने से अज़ीम शख़्सियतों की इन्सल्ट होती है...' रिज़वी ने चेतावनी दी।

इस एक डायलॉग से ही समझा जा सकता है कि वह कितना और कैसे बोलता रहा होगा। बोलने की उसे बीमारी थी। बस एक बार शुरू होने की देर थी।

रिज़वी था तो आठवें में, मगर बातें बालिग़ों की तरह करता था। शेरो-शायरी का शौक़ उसे भी था, मगर सिर्फ़ पढ़ने की हद तक। उसे बढ़िया-घटिया शायरों के कई हज़ार शेर याद थे। (उनमें सबसे ज़्यादा तो ख़ुद के मामू के ही थे) और अपने मामू को वह 'ग़ालिब' से बस थोड़ा-सा उन्नीस मानता था।

रिज़वी के वालिद सेल्स टैक्स ऑफ़िस में थे। उन्हें दो कमरों का सरकारी फ़्लैट मिला हुआ था, जिसमें अपनी पाँच बेटियों और एक बेटे के साथ वे किसी तरह रहा करते थे। रिज़वी पहले तो अपनी माँ को अम्मीं ही कहता था, मगर जब उसने देखा कि फ़क़ीर अपनी माँ को 'आपा' कहता है तो वह भी अपनी माँ को आपा कहने लगा।

''अबे फ़क़ीर, वाक़ई आपा कहने में जो बात है वह अम्मीं कहने में कहाँ? अब देखो न, मान लो तुम्हें पिक्चर देखकर आने में देर हो गई है या फिर स्कूल को ही गोल कर जाना है या मान लो स्कूल गए भी तो वहाँ से भाग आए हो, ऐसे नाजुक मामलों में आपा को चुटकी बजाकर बेवकूफ़ बनाया जा सकता है। मगर अम्मीं को... यार फ़क़ीर, अम्मीं कहते ही उनकी अज़मत का ख़याल आ जाता है। और अज़मती? यह लफ़्ज़ ही साला ऐसा है...'

''अच्छा रिज़वी अब बन्द करो तक़रीर, बोलो आज कौन-सी पिक्चर देखनी है?''

और रिज़वी शहर भर में लगी फ़िल्मों की फ़ेहरिस्त सुनाने लगता। वहाँ 'ख़ानदान' है, यहाँ 'राम-श्याम', 'हिमालय की गोद में'...और वहाँ? वहाँ 'आग' लगी है...

मगर रिज़वी बेचारे को क्या पता कि आग कहाँ लगी थी?

उन दिनों रिज़वी के यहाँ कोई लड़की आई हुई थी? पता नहीं उसके किसी रिश्तेदार की लड़की थी या उसकी किसी बहिन की सहेली थी, मगर थी बहुत

भोली। गन्दुमी रंग, भूरी आँखें, चेहरा गोल...सामने आती तो दुपट्टा सिर पर कर लेती, फिर धीरे से झुककर टेबुल पर चाय रखती, फ़क़ीर की तरफ़ पलकें उठाती और दुपट्टे का छोर दाँतों में दबाती हुई भीतर चली जाती। फ़क़ीर मुहम्मद 'फ़क़ीर' को उसकी यह अदा इतनी प्यारी लगी कि ये उससे प्रेम करने लगे। सच पूछिए कि इनकी शायरी का रंग भी उस प्रेम के बाद ही थोड़ा-सा निखरा। मगर डर ऐसी चीज़ है कि अच्छे-ख़ासे शायर को सूफ़ी बना देता है। आपा का डर, वालिद का डर, रिज़वी का डर, खुद उस लड़की का डर, जिसका नाम फ़रहत था और सबसे बड़ा डर उस ट्यूटर का जो इनके भाइयों को गणित पढ़ाने आता था...अब इतने सारे डरों के बीच से जो शे'र निकलता वह कॉपी पर आते-आते बकरी के बच्चे की तरह दिखाई पड़ता। उसका आशिक़ाना मिज़ाज सूफ़ियाना हो चुका होता। इनके उन अशआर को देखकर लगता कि दुनिया की समूची सूफ़ी शायरी इसी तरह के डरों के बीच उपजी होगी।

अब इत्तेफ़ाक़ देखिए कि फ़क़ीर मुहम्मद 'फ़क़ीर' के घर जो ट्यूटर आता था वह भी शायरी करता था और अपना तख़ल्लुस उसने 'फ़िगार' रख रखा था। वह बेचारा भी इसी क़िस्म के किसी प्रेम का फ़िगार यानी घायल था। सो उनकी शायरी के मर्म को समझता था और चाहता था कि ये उसे खुलकर बयान करें। मगर ये उसे उस्ताद बनाने को किसी क़ीमत पर तैयार नहीं थे।

(हाल में मिली एक ख़बर के अनुसार यह मालूम हुआ है कि फ़क़ीर मुहम्मद 'फ़क़ीर' अब उस ट्यूटर को उस्ताद मानने लगे हैं। हालाँकि फ़िगार साहब अब इनके भाइयों के ट्यूटर नहीं रह गए हैं, बल्कि ताल-तिकड़म लगाकर इनके हमजुल्फ़ हो चुके हैं। और मज़े की बात यह कि ख़ुद शायरी छोड़ चुके हैं। कहते हैं, बादे-अक़्ल शायरी बेकार अस्त।)

अक़्द से पहले और अक़्द के बाद

'शादी के पहले और शादी के बाद' वाले जुम्ले को तो एक इश्तहार कम्पनी ने अपने नाम रजिस्टर्ड करा लिया है। इसलिए शरीफ़ लोग अब शादी करते ही नहीं। वे या तो विवाह करते हैं या फिर अक़्द। फ़क़ीर मुहम्मद 'फ़क़ीर' ने भी अक़्द किया। मगर अक़्द से पहले बहुत कुछ ऐसा हो चुका था कि अक़्द का वह लुत्फ़ उन्हें नहीं मिला जो कि आम तौर पर लोगों को मिला करता है।

हुआ यह कि अभी वे इंटर का इम्तहान ही दे रहे थे कि वालिद का इन्तक़ाल हो गया। (यहाँ इस बात का कोई महत्त्व नहीं है कि रिज़वी के वालिद का तबादला हो गया और फ़रहत की शादी हो गई। फ़क़ीर मुहम्मद 'फ़क़ीर' चूँकि

बड़े लड़के थे, इसलिए घर की सारी ज़िम्मेदारी उनके सिर पर आ गई। (ऐसे मौक़ों पर अठारह–उन्नीस बरस का लड़का भी अचानक प्रौढ़ हो जाता है।) माँ कुछ कर नहीं सकती थीं, ये भी क्या करते। बस सब कुछ छोड़–छाड़कर गाँव चले गए।

गाँव में घर था। बाग़ और खेत भी थे। मगर वह सब सिर्फ़ इन्हीं का नहीं था। इनके वालिद तीन भाई थे। मँझले चचा पहले ही गुज़र गए थे। उनके पीछे एक बीवी थी, एक लड़का था, और एक लड़की। छोटे चचा की तीन लड़कियाँ थीं और एक लड़का। यानी इन सात भाइयों के अलावा उस घर में नौ लोग और थे। यानी अच्छा–ख़ासा सोलह लोगों का परिवार। छोटे चचा को काम करना आता नहीं था। सो, दिन भर वे बीड़ियाँ फूँकते रहते थे और दोस्तों के साथ ताश खेलते रहते थे। ऐसी हालत में खेती–बाड़ी का सारा काम मजूरों के भरोसे ही था। अब फ़क़ीर मियाँ अगर खेती–किसानी में जुट गए होते तो यह क़िस्सा यहीं ख़त्म हो सकता था। मगर मँझली चची ने इन्हें सलाह दी कि बेटा कुछ और पढ़ लो, ताकि तुम नौकरी करने लगो और अपने भाइयों की ज़िन्दगी भी सँवार सको...सो पास के शहर में जाकर ये बी.ए. करने लगे।

फ़क़ीर मुहम्मद 'फ़क़ीर' ने ज़िन्दगी में पहली बार किराए का एक घर लिया। शहर का निहायत गन्दा इलाक़ा, निहायत तंग गली। उसके अन्तिम छोर पर सँकरी सीढ़ियाँ। और ऊपर एक छोटी–सी खपरैल। खिड़की उसमें कोई नहीं थी। हाँ, कोठरी के बाहर एक छोटा–सा बरामदा और सामने एक चारपाई भर का आँगन। उसी आँगन में एक तरफ़ उठउवा पाख़ाना। ज़ाहिर है कि बदबू सारे में फैली रहती थी।

इनके साथ मँझली चची भी रहती थीं। कुछ दिनों बाद छोटी चची की बड़ी लड़की सुल्ताना भी आ गई थी। कोठरी में चची और सुल्ताना सोती थीं, बरामदे में ये। मौसम कोई भी हो, उस व्यवस्था में बदलाव सम्भव नहीं था।

इस तरह फ़क़ीर मुहम्मद 'फ़क़ीर' ने बी.ए. भी किया और बी.टी.सी. की ट्रेनिंग भी की, फिर प्राथमिक पाठशाला की मुदर्रिसी के लिए अप्लाई करके गाँव चले आए। नौकरी का इन्तज़ार करने लगे। किराए की उस कोठरी में इनके दो छोटे भाई रहने लगे। एक पढ़ता था, दूसरा काम करता था–बुक बाइंडिंग का।

इस तरह फ़क़ीर मुहम्मद 'फ़क़ीर' की अपनी निजी बैकग्राउंड तैयार हो रही थी। यह ऐसी बैकग्राउंड थी, जिस पर आगे चलकर कई–कई ज़िन्दगियों का भविष्य टिकनेवाला था। मगर अभी तो इन्तज़ार चल रहा था और उस इन्तज़ार के पास सिवा सपनों के कुछ नहीं था।

फ़क़ीर मुहम्मद 'फ़क़ीर' के वालिद डॉक्टर थे। दादा मियाँ हकीम थे। सो, इन्होंने सोचा कि इस इन्तज़ार को हिकमत के साथ क्यों न काटें! और इन्होंने होम्योपैथी का अध्ययन शुरू कर दिया। पूरी तैयारी के साथ। यानी प्रैक्टिकल भी। बुज़ुर्गों ने कहा है, घर का जोगी जोगड़ा आन गाँव का सिद्ध। सो प्रैक्टिकल के लिए ये अपना गाँव छोड़कर दूसरे गाँव में चले गए।

'फ़िगार' साहब जब पहली बार फ़क़ीर के घर पहुँचे तो ये उसी दूसरे गाँव में तशरीफ़ रखते थे। बारिश के दिन थे। बहुत दिनों से फ़क़ीर मियाँ की ख़ैरियत नहीं मिली थी, सो फ़िगार साहब ने सोचा चलकर देख आएँ। उन्होंने सुन रक्खा था कि बारिश के दिनों में राजा लोग आक्रमण नहीं करते थे और हर राज्य की प्रजा चैन की ज़िन्दगी जीती हुई घर में बैठी रहती थी। सो, उन्हें पूरा विश्वास था कि फ़क़ीर मियाँ घर पर ही होंगे और ज़रूर मिल जाएँगे। मगर जब वे कीचड़-पानी से लथफथ वहाँ पहुँचे तो पता चला, नहीं हैं। फ़िगार साहब निखर्रे तख़त पर लेट गए और उस घर के बारे में सोचने लगे, जो फ़क़ीर मुहम्मद 'फ़क़ीर' का पुश्तैनी घर था। बाहर बैठक, जो अब बैठक के काम नहीं आती थी, उसमें अल्लम-गल्लम सामान भरा था।

बग़ल का गलियारा, जो अब सिर्फ़ गलियारा नहीं था, वहाँ भी तमाम ग़ैर-ज़रूरी चीज़ों का अम्बार लगा था। गलियारे के पार का लम्बोतरा-सा कमरा शायद किसी ज़माने में आराम की नींद लेने की जगह रहा हो, पर अब तो सिर्फ़ एक तख़त भर था। अगल-बग़ल, ऊपर-नीचे ताकों और अलमारियों में न जाने कौन-कौन से काग़ज़-पत्तर ठुँसे हुए थे। तख़त के नीचे भी ढेरों चीज़ें पड़ी हुई थीं। उस कमरे के बाहर छोटा-सा आँगन; वह एकदम आँगन जैसा ही था। इसलिए भी कि बारिश का पानी वहाँ बिलकुल बारिश के पानी की तरह ही गिर रहा था। बग़ल के बावर्चीख़ाने में कुछ पक रहा था। धुआँ बूँदों से जूझता हुआ कमरे में आ रहा था। फ़िगार साहब ने तय किया कि वे फ़क़ीर मियाँ से मिलने उसी गाँव में जाएँगे।

इस तरह यह बात आम हो सकी कि उस गाँव में घुसना आसान नहीं था। रास्ते में सिर्फ़ खेत, उनकी मेड़ें और पेड़-पालो। जगह-जगह पानी से भरे हुए गड्ढे। पाँव घुटना तक धँस जाएँ, ऐसी मिट्टी। चमड़ी छील दे, ऐसी घास...और गाँव? एक भी घर सही-सलामत नहीं। एक भी गली दुरुस्त नहीं...उसी गाँव के एक उपेक्षित से कमरे में फ़क़ीर मुहम्मद 'फ़क़ीर' की डिस्पेंसरी थी। इनकी प्रयोगशाला। शाम हुई तो पता चला, इनकी प्रयोगशाला में एक औरत भी आती है-खाना लेकर।

"कौन है?"

"बेचारी खाना दे जाती है।" फ़क़ीर मियाँ ने बड़ी सादगी से कहना शुरू किया, "वो क्या है कि इसका बकरा बीमार पड़ गया था। पीठ पर ज़ख़्म ऐसा था कि ठीक ही नहीं होता था। बस मैंने एक ख़ुराक हाइपेरिकम दिया और अगले दिन वह हिरन की तरह उछलने लगा...।"

लेकिन अगले दिन जब फ़िगार साहब फ़क़ीर मुहम्मद 'फ़क़ीर' के साथ गाँव के दौरे पर निकले और उस खाना पहुँचानेवाली औरत के दरवाज़े से निकले तो उन्होंने देखा कि वहाँ कोई बकरा तो नहीं, हाँ एक खजहा कुत्ता बैठा था। आँगन में एक तरफ़ कूड़ा-कबाड़ पड़ा था और दालान में बैठी वह औरत गेहूँ साफ़ कर रही थी। इन्हें देखकर सिर पर दुपट्टा करती हुई वह उठी और सलाम करके मुस्कराई। ये आगे बढ़ गए। रास्ते में फ़िगार साहब ने पूछा, "फ़क़ीर, तुमने इस कुत्ते का इलाज नहीं किया?"

फ़क़ीर चुप रहे।

फ़िगार साहब भी चुप हो गए। उन्हें यह ज्ञान बहुत बाद में हुआ कि फ़क़ीर मुहम्मद 'फ़क़ीर' ने होम्योपैथी के इलाज को एक चुनौती के रूप में लिया और बाद में वे इस क़दर मशहूर हुए कि दूर-दूर के लोग उनसे इलाज कराने के लिए उनके गाँव आते और उनकी ड्योढ़ी पर अपना माथा रगड़ते।

ठीक उन्हीं दिनों उन्हें नौकरी मिल गई। वे बेसिक प्राइमरी पाठशाला के अध्यापक होकर शहर चले गए। हालाँकि उनका स्कूल शहर में नहीं था, पर रहते वे शहर में ही थे, उसी किराए वाली कोठरी में, जिसमें उनके दो भाई रहा करते थे। स्कूल वे साइकिल से जाते थे।

शहर से बाहर, जैसे ही सुनसान इलाक़ा शुरू होता था, बाईं तरफ़ एक कच्ची-सी सड़क बनी हुई थी। उस पर थोड़ी दूर तक चलने के बाद सामने एक छोटी-सी बस्ती नज़र आती थी और बाईं तरफ़ टीले के ऊपर वहाँ की बेसिक प्राथमिक पाठशाला। पाठशाला में कुछ टूटी हुई कुर्सियाँ थीं, एक हिलती हुई-सी मेज़, स्याही से भरी हुई कुछ टाटपट्टियाँ, एक पुरानी बाल्टी और...और यही ब्लैकबोर्ड, चाक वग़ैरह...

(पहली मुहब्बत की तरह ही पहले पहल के अक़्द की भी अपनी अहमियत होती है; मगर उस क़िस्से को यहाँ बयान करने से ऐसे बहुत सारे क़िस्से सामने आ जाएँगे कि सब कुछ उलझ-पुलझ जाएगा। इसलिए बेहतर यही है कि यहाँ से छलाँग मार दी जाए।)

हुआ यूँ कि फ़क़ीर मुहम्मद 'फ़क़ीर' ने अपना तबादला करा लिया और अब वे अपने ही गाँव की प्राथमिक पाठशाला में पहुँच गए। अपना घर, अपने

खेत का अनाज, अपनी सरकार की दी हुई तनख़्वाह...संसार में एक गृहस्थ जीवन जीनेवाले को और क्या चाहिए? इस बीच फ़क़ीर का एक छोटा भाई भी पढ़-लिखकर मास्टर हो गया था। दो शहर में रहकर बाइंडिंग का काम करते थे। बाक़ी तीन छोटे थे, पढ़ रहे थे। फ़क़ीर ने गाँव के मदरसे में पचास रुपए की तनख़्वाह पर अपने छोटे चचा को भी मुदर्रिसी दिलवा दी थी...यह सब तो संसार के एक गृहस्थ जीवन जीनेवाले के लिए अतिरिक्त सुख के समान था।

(यहाँ यह बता देना ज़रूरी है कि फ़क़ीर मुहम्मद 'फ़क़ीर' का जो पहला अक़्द हुआ था, उसके तहत जो उनकी बीवी थीं, वे क़ज़ा कर गई थीं। मृत्यु का वर्णन करने से चूँकि ट्रेजेडी पैदा होती है, इसलिए इस पूरे प्रसंग को उड़ा दिया गया है।)

और उस दिन तो उनके सुख का पारावार ही नहीं रहा, जब उनका नाम फ़क़ीर मुहम्मद 'फ़क़ीर' की जगह 'भाई जान' हो गया। बारिश का मौसम था। चारों तरफ़ कीचड़ ही कीचड़। झींगुरों की आवाज़ से रातें डरावनी हो जातीं। जिस पर वर्षा की आवाज़...हवाएँ। कभी दीया बुझ जाता तो मानो क़यामत टूट पड़ती। ऐसे मनहूस मौसम में आ गया 'शबे-बरात।' छोटी चची सुबह से ही सूजी-मैदा भूनने बैठ गईं। मँझली चची घर की सभी लड़कियों को लेकर मेवे कतरने लगीं। घर तो घर, पूरे मुहल्ले में हलवे की 'सिन्नी' बँटती थी। नाउन, धोबिन, भंगिन वग़ैरह को अलग से देना था। फिर फ़क़ीर मुहम्मद 'फ़क़ीर' के दोस्त-यार, स्कूल के मास्टर, उनके मरीज़...

तभी उनके छोटे चचा की लड़की-सुल्ताना से छोटी और निकहत से बड़ी-कहकशाँ उछलती हुई आई और फ़क़ीर के सामने खड़ी हो गई।

"अपना दायाँ हाथ इधर लाइए।"

उसने मुस्कुराते हुए कहा तो फ़क़ीर चौंके। वे उस वक़्त 'केंट' के भाषण पढ़ रहे थे।

"क्या है?"

कहकशाँ ने इस प्रश्न का कोई जवाब नहीं दिया। उसने इनकी दाईं कलाई पकड़ी और उस पर कोई चमकदार चीज़ बाँध दी।

"यह क्या?"

कहीं से आवाज़ आई तो मँझली चची मुस्कुराईं। बोलीं, "यह राखी है। हिन्दू लड़कियाँ अपने भाइयों को बाँधती हैं। उनकी हिफ़ाज़त और तरक़्क़ी के लिए दुआएँ माँगती हैं...आज शायद राखी का त्योहार भी है।"

और फ़क़ीर मुहम्मद 'फ़क़ीर' फूट-फूटकर रो पड़े।

"क्या हुआ भाई जान! अरे, आप रो रहे हैं?" कहकशाँ ने उनका सिर सहलाते हुए कहा तो उनका रोना और तेज़ हो गया।

(शायर तो थे ही। रो पड़ते थे बात-बात पर। मगर उस दिन का रोना कुछ और ही था। बिलकुल भाई का रोना-बहिन के सामने।)

और फ़क़ीर मुहम्मद 'फ़क़ीर' भाई जान हो गए। पूरे घर के भाई जान। पूरे गाँव के भाई जान।

भाई जान कहाँ गए?

भाई जान कब आएँगे?

भाई जान ने नाश्ता किया या नहीं?

भाई जान को क्या हुआ?

भाई जान से पूछो।

भाई जान को आने दो।

भाई जान जैसा कहें।

भाई जान जानें।

भाई जान नहीं हैं, कैसे होगा?

भाई जान नाराज़ होंगे, सुना?

भाई जान से कह देंगे, समझे?

भाई जान! भाई जान! भाई जान!

फ़क़ीर मुहम्मद 'फ़क़ीर' जिधर कान घुमाते उधर ही सिर्फ़ एक जुमला सुनाई पड़ता-भाई जान। दाईं तरफ़ भी और बाईं तरफ़ भी।

और इस एक जुमले को सुनते-सुनते कुछ ऐसा हुआ कि फ़क़ीर मुहम्मद 'फ़क़ीर' को लगने लगा, मानो उनके पास सिर्फ़ एक ही कान है।

(हालाँकि लोग कहते हैं कि उनका एक कान ख़राब हो गया था। कभी ऊँची आवाज़ सुनने के कारण या मुँह से ऊँची आवाज़ निकालने के कारण उनके एक कान से जुड़ी हुई सुननेवाली नस फटकर बेकार हो गई थी। मगर फ़क़ीर मुहम्मद 'फ़क़ीर' ख़ुद बहुत अच्छे होम्योपैथ थे। सो, ऐसा कैसे हो सकता था। वे बधिया बकरे को अंडू बना सकते थे, मवाद भरे सिर को एक ख़ुराक से ठीक कर सकते थे, होम्योपैथिक के विरुद्ध बोलनेवाले को चार नन्ही-नन्ही गोलियाँ खिलाकर बेहोश कर सकते थे...और अपना कान ठीक नहीं कर सकते थे? बिलकुल ग़लत।)

घर में उनका मान बढ़ गया था। मँझली चची तो रात-दिन इस तरह ख़िदमत में लगी रहतीं मानो अपने पति की ख़िदमत कर रही हों।

(पति वाली उपमा जान-बूझकर इस्तेमाल की गई है। इनकी पहली वाली बीवी का इन पर यही आरोप था। बेचारी को क्या पता कि रिश्ते कैसे बनते हैं और कैसे बिगड़ते हैं इस दुनिया-ए-फ़ानी में?)

वक़्त गुज़रा और ज़माना बदल गया।

गाँव अब गाँव नहीं रहा। टाउन हो गया। यहाँ बाज़ार लगने लगी। ताज़ा सब्ज़ियों और बकरे के गोश्त की दुकानें सड़क के किनारे लगने लगीं। चाय, पान, बाल काटनेवालों और कपड़े, चप्पल-जूते, दवाइयाँ बेचनेवालों की दुकानें सज गईं। बैंक खुले, दो-दो इंटर कॉलेज हो गए।

मँझली चची का एकमात्र लड़का जवान हो गया। उसकी शादी हो गई। वह खेती-बाड़ी देखने लगा।

फ़क़ीर मुहम्मद 'फ़क़ीर' के छोटे भाइयों की शादी हो गई। एक भाई की शादी तो मँझली चची की बेटी से ही हुई। दूसरे छोटे भाई की शादी छोटी चची की बड़ी लड़की सुल्ताना से तय हो गई। सिर्फ़ सबसे छोटा भाई ही बच गया। फ़क़ीर मुहम्मद 'फ़क़ीर' के बाल पकने लगे।

दोस्तों ने कहा, "तुम भी शादी कर लो।"

मगर 'भाई जान' चुप रहे।

उन्होंने मँझली चची से कहा, "इनकी शादी के बारे में क्यों नहीं सोचतीं?"

जवाब मिला, "ये करना ही नहीं चाहते, हमने तो न जाने कितनी जगह बात चलाई।"

इस तरह दिन गुज़रते चले गए।

और एक दिन मालूम हुआ कि एक खेत बेच दिया गया।

भाई जान ने मँझली चची से पूछा, "यह कैसे हुआ?"

जवाब मिला, "तुम्हारे छोटे चचा को पैसों की ज़रूरत थी।"

भाई जान ने छोटे चचा से पूछा।

जवाब मिला, "मैंने तुम्हारी मँझली चची से पूछ लिया था।"

बस। उसी दिन 'भाई जान' ने तय किया कि वे दुबारा अक़्द करेंगे।

और एक रोज़ उनका अक़्द हो गया।

अगले दिन भाई जान बाज़ार में एक हज्जाम की दुकान में बैठे थे और अपने बाल रँगवा रहे थे। हज्जाम चाहता था कि उनके पूरे बाल काले कर दे; मगर उनका सख़्त निर्देश था कि इधर-उधर कुछ सफ़ेद बाल ज़रूर छोड़ देना,

वरना लोग क्या कहेंगे? सो, हज्जाम की दुकान से जब वे बाहर आए तो उनका चेहरा देखने लायक था। सिर के बाल कहीं काले, कहीं सफ़ेद, कहीं ललछौंहे...मूँछ के बाल भी क़रीब-क़रीब वैसे ही...मानो जीवन का सारा रंग उनके चेहरे पर सिमट आया हो।

और इस तरह फ़क़ीर मुहम्मद 'फ़क़ीर' का जीवन सिर्फ़ रंगों की नुमाइश बनकर रह गया। मँझली चची के लड़के ने चुपके से तीन खेत बन्धक रख दिए। बाग़ के पेड़ पता नहीं कब कट गए। उनका एक भाई बैंक से पन्द्रह हज़ार रुपए क़र्ज़ लेकर बम्बई भाग गया। दोनों सबसे छोटे भाई भी घर से अक्सर ग़ायब रहने लगे। घर में कुछ भी होता, भाई जान को ख़बर न लगती...फिर एक दिन क्या हुआ कि घर के सभी सदस्यों ने तय किया, चुनाव होना चाहिए।

कैसा चुनाव?

यही कि इस घर में अब फ़क़ीर मुहम्मद 'फ़क़ीर' का हुक्म चलेगा या मँझली चची का।

चुनाव का दिन

चुनाव का दिन आ गया। रविवार था, इसलिए फ़क़ीर मुहम्मद 'फ़क़ीर' घर पर ही थे। उनके एक छोटे भाई ने आकर कहा, "भाई जान, आप इस मामले में बिलकुल न बोलिएगा। आज सब कुछ तय हो ही जाए।"

भाई जान क्या बोलते? घर में पाँच तो उनके भाई थे। एक उनकी पत्नी, चार भाइयों की पत्नियाँ। छोटे चचा, चची अम्मा और उनकी तीन-तीन बेटियाँ... कहकशाँ तो राखी बाँधकर बहिन ही बन गई थी...यानी बहुमत तो उन्हीं के साथ था।

छोटी-छोटी पर्चियों पर लिखा गया—1. भाई जान, 2. मँझली चची।

पर्चियाँ घर के सभी सदस्यों को दी गईं। सबने अपनी-अपनी पसन्द से निशान लगाए। और...और ज़ाहिर है कि फ़क़ीर मुहम्मद 'फ़क़ीर' जीत गए।

(चुनावी विश्लेषण से पता चला कि उन्हें अपने एक भाई का वोट नहीं मिला था। शायद इसलिए कि वह मँझली चची की बेटी से अन्दर ही अन्दर इश्क करता था। चची अम्मा की बेटियों का वोट भी उन्हें नहीं मिला था। कहकशाँ का भी नहीं। कारण अज्ञात रहा।)

चुनाव के बाद

फ़क़ीर मुहम्मद 'फ़क़ीर' साधु प्रकृति के व्यक्ति थे। शायर तो थे ही। घरेलू कशमकश के इस चुनाव में भले ही वे जीत गए हों, पर उनका मन प्रसन्न नहीं

था। भीतर से वे ख़ुद को पोली दीवार की तरह कमज़ोर महसूस कर रहे थे। उनसे यह सब सहा नहीं गया और एक रोज़ वे अपनी पत्नी को लेकर न जाने कहाँ चले गए।

(वैसे फ़क़ीर मुहम्मद 'फ़क़ीर' अब भी उसी घर में रहते हैं। हाँ, उनसे नीचे वाले दो भाई ज़रूर वहाँ से चले गए हैं और गाँव के बाहर टूटे-फूटे घर बनाकर दिन गुज़ार रहे हैं। फ़क़ीर मुहम्मद 'फ़क़ीर' चले गए, यह बात पाठकों के सन्तोष के लिए लिखी जा रही है। हालाँकि फ़क़ीर मुहम्मद 'फ़क़ीर' घर में रहते हुए भी घर में नहीं हैं।)

कथाक्रम, जनवरी-मार्च, 2000

त्राहिमाम

कहानी की कहानी

वास्तव में, आगे चलकर पाठक जो कुछ पढ़ेंगे वह कमलनाथ नाम के एक आदमी की आपबीती है। कमलनाथ जी सीधे-सादे, सुरुचिसम्पन्न, पढ़े-लिखे आदमी हैं। हालाँकि उनके स्वभाव में कुछ-कुछ बचकानापन भी है। (यह निष्कर्ष उनकी आपबीती पढ़कर ही निकाला गया है, इसलिए यह झूठ भी हो सकता है।) कमलनाथ जी ने अपनी आपबीती को क़लमबन्द करने के बाद, यह सोचकर कि इसमें 'कहानी' के तत्त्व हैं, उसे एक प्रतिष्ठित पत्रिका में भेजा। उनकी आपबीती वहाँ नहीं छपी।

कमलनाथ जी कहानीकार तो हैं नहीं, बस वे अपना दुख दूसरों में बाँटना चाहते थे। लेकिन जिन दिनों वे अपनी आपबीती को किसी तीसरी पत्रिका में भेजने के बारे में सोच रहे थे, उन्हीं दिनों किसी समाचार-पत्र में 'कथा-साहित्य' पर सम्पन्न किसी गोष्ठी की रपट प्रकाशित हुई। उस रपट में दो बिन्दु ऐसे थे, जो कमलनाथ जी की समझ में आ गए।

एक : कहानी और उपन्यास का स्वरूप बदल चुका है। साहित्य में चमत्कार की ज़रूरत है। बग़ैर इसके उत्तर-आधुनिक नहीं हुआ जा सकता और उत्तर-आधुनिकता भारत जैसे देश के लिए रोटी से भी ज़्यादा ज़रूरी चीज़ है।

दो : रचना की श्रेष्ठता-अश्रेष्ठता का निर्णय कौन करेगा, यह प्रश्न फ़िलहाल विचाराधीन है।

तब कमलनाथ जी ने तय किया कि वे अपनी आपबीती किसी ऐसे आदमी को भेजें, जिसमें निम्नलिखित गुण हों–

(क) आदमी लेखक हो।

(ख) वह अपनी रचना छपवा सकता हो।

(प्रतिष्ठित न सही, किसी भी पत्रिका में)

(ग) वह कमलनाथ जी का दुख बँटाने में रुचि ले।

(घ) उसके साथ महान, श्रेष्ठ, महत्त्वपूर्ण आदि का विश्लेषण न लगता हो।

(ड.) लेखक होने के साथ-साथ वह कमलनाथ जैसा भी हो।

इस तरह कमलनाथ जी ने अपनी आपबीती उस आदमी तक पहुँचाई जिसमें उपर्युक्त विशेषताएँ उन्होंने देखीं। (कृपया यह भ्रम न पालें कि ये विशेषताएँ उन्होंने मुझमें देखी होंगी। उन्होंने तो अपनी 'आपबीती' किसी और को भेजी थी, मुझे वह इसलिए मिल गई कि पहले जिस मकान में वह लेखक रहता था, उसी में अब मैं रहता हूँ।)

अब कोई टिप्पणी, कोई स्पष्टीकरण नहीं। कमलनाथ जी की आपबीती उन्हीं की जुबानी-

त्राहिमाम (आपबीती) कमलनाथ

स्वीकारोक्ति : मैं यह आपबीती क़तई नहीं लिखता, अगर हिन्दी के एक लेखक ने अपनी आपबीती लिखकर कथा-लेखन का आरम्भ न किया होता। उन्होंने 'आपबीती' को 'जगबीती' से जोड़ने की कल्पना भी की थी, इसीलिए मैं चाहता हूँ कि मेरी आपबीती से पूरा जग परिचित हो।

अस्तु।

सितम्बर 96

इस इलाक़े के किसी मुहल्ले में राजा जी नाम के एक सज्जन रहते हैं। एक दिन वे हमारे यहाँ पधारे। आते ही वे मुझसे इस प्रकार मिले मानो हम बरसों से एक-दूसरे को जानते हों।

"मुझे सब लोग राजा जी कहते हैं।"

उन्होंने अपना परिचय दिया, मगर मैं समझ नहीं पा रहा था कि क्या बोलूँ।

"अगर आप आज्ञा दें तो मैं बैठ जाऊँ।"

इतना कहकर वे सोफे पर बैठ गए। अपना हैंडबैग उन्होंने बग़ल में रख लिया। फिर तो मैं भी सामने वाले सोफे पर बैठ गया।

"मैं जानता हूँ कि आपको अजीब लग रहा होगा," राजा जी ने फिर बोलना शुरू किया, "लगेगा ही। पहली बार मिल रहे हैं न! परिचय न हो तो अटपटा-सा लगता ही है। मगर सवाल यह है कि परिचय क्यों न हो! अरे भाई, जब एक ही जगह रह रहे हैं तो आपस में मेलजोल रखना ज़रूरी है कि नहीं। मैं यहीं, आपके बिलकुल पास रहता हूँ। जब से आप इस इलाक़े में आए हैं,

कई लोगों से कई बार आपके बारे में सुन चुका हूँ। और मज़े की बात यह कि ऐसा एक भी आदमी नहीं मिला, जिसने आपकी तारीफ़ न की हो।''

तभी मेरी पाँच वर्षीया बिटिया वहाँ आ गई और राजा जी ने उसे गोद में उठा लिया।

''क्या नाम है बिटिया? वाह, कितना सुन्दर नाम है।'' बिटिया सकपकाई हुई थी। नाम शायद बहुत धीरे से उसने बता दिया होगा। यह मेरा अनुमान भर है, क्योंकि मैंने तो नहीं सुना था। मगर राजा जी थे कि उससे इस तरह बतिया रहे थे मानो वह उन्हीं की गोद में खेलकर पाँच बरस की हुई हो।

''स्कूल जाती हो? वाह, बहुत अच्छा। मैं राजा जी अंकल हूँ। मेरे यहाँ भी तुम्हारी जैसी एक बिटिया है। किसी दिन मिलाऊँगा उससे। बल्कि ऐसा करते हैं कि हम-तुम दोस्ती कर लेते हैं। तुम मेरी दोस्त बनोगी न? शाबाश!''

तभी पत्नी चाय ले आईं और बिटिया किसी तरह उनकी गोद से उतरकर भीतर भाग गई।

''अरे भाभी जी, आपने क्यों कष्ट किया?'' राजा जी फिर शुरू हो गए। ''मैं तो वैसे भी चाय बहुत कम पीता हूँ। बस एक प्याली सुबह और एक शाम को। मगर किसी-किसी दिन तो ऐसा होता है कि बीस-पच्चीस कप चाय हो जाती है। अब इलाक़े भर में इतने मिलने-जुलनेवाले हैं कि जहाँ जाओ, वहीं चाय। वह बंसी चायवाला है न, नुक्कड़ पर, उधर से गुज़रा नहीं कि आफ़त आई। बैठाकर जब तक दो-तीन कप चाय नहीं पिला लेता, जाने ही नहीं देता।''

इतना बोलने के बाद राजा जी ने एक घूँट चाय पी। चूँकि पत्नी भीतर चली गई थीं और उनकी बात उसी को सम्बोधित थीं, इसलिए वे अब तनिक ज़ोर से बोलने लगे।

''कभी आइएगा भाभी जी बच्चों को लेकर हमारी तरफ़। वो भी आएँगी। इसी तरह मेल-जोल बढ़ता है।''

''आपकी चाय ठंडी हो रही है।'' मैंने उन्हें चाय की याद दिलाई तो उसे वे एक साँस में ही गटागट पी गए। और कप को टेबुल पर रख दिया।

''मेरा विचार है कि कल तो आप फ्री ही होंगे। रविवार है। असल में ऐसा है कि कल मैंने अपने यहाँ इलाक़े के कुछ लोगों को आमंत्रित किया है। देखिए, ना मत कीजिएगा। मेरी इच्छा है कि आप भी मेरी कुटिया पर पधारें।''

''मगर कल तो...''

''अगर-मगर कुछ नहीं, आपको आना ही है। देखिए साहब, इसी तरह लोगों से मेल-जोल बढ़ता है। आप तो नए-नए आए हैं यहाँ, अभी आपको क्या

पता कि इस इलाक़े में कैसे-कैसे प्रतिष्ठित लोग रहते हैं। मैं चाहता हूँ कि आप उनसे मिलें। वे भी आपके बारे में जानें। कोई कह रहा था कि आप यदा-कदा अख़बारों में सामयिक विषयों पर लेख वग़ैरह लिखते हैं। कुछ इस इलाक़े के बारे में भी लिखें। आप चिन्ता न करें, मैं किसी को आपके यहाँ भेज दूँगा। वह आपको अपने साथ ले जाएगा। और पैदल नहीं, स्कूटर या मोटरसाइकिल पर। आपकी दया से मेरे मिलने-जुलनेवाले ऐसे लोग हैं कि कोई मेरी बात नहीं टालता। अच्छा अब आज्ञा दें। अभी कई लोगों से मिलना है। कल आप तैयार रहिएगा। ठीक बारह बजे कोई न कोई लड़का आपके दरवाज़े पर होगा।''

इतना कहकर राजा जी ने अपना हैंडबैग उठाया और झटके से बाहर निकल गए।

''अजीब आदमी हैं।'' यह कहता हुआ जब मैं भीतर घुसा तो पत्नी ने अत्यन्त उत्सुकता के साथ पूछा-

''क्या हुआ?''

''अरे जान न पहचान, बड़ी बूबू सलाम। निमंत्रण दे गया है कल दोपहर का।''

''तो क्या हुआ, चले जाइएगा।''

''हाँ, चले जाइएगा!'' मैंने चिढ़कर कहा, ''अरे जिस आदमी को मैं जानता तक नहीं, उसके निमंत्रण पर...''

''आप तो हमेशा ही तर्क देते हैं। पत्नी ने बीच में ही मुझे टोक दिया। अरे भाई, इसी तरह जान-पहचान बढ़ती है न!''

''तुम तो उसी की बोली बोल रही हो। वह भी यही कह रहा था। मगर मैं इस तरह का मेलजोल नहीं बढ़ाना चाहता।''

''क्यों?''

''क्यों? अरे क्या तुम नहीं जानतीं कि मैं अपनी रुचि के लोगों के साथ ही मिलना-जुलना पसन्द करता हूँ।''

''क्या पता, वह भी आपकी रुचि का हो! आदमी की पहचान एक दिन में नहीं होती।''

इसके बाद पत्नी से मैंने कोई बहस नहीं की।

अगले दिन ठीक बारह बजे एक लड़का स्कूटर लेकर आ धमका और मुझे आख़िर राजा जी के यहाँ जाना पड़ा।

''आइए-आइए कमलनाथ जी, इधर आइए।'' यह कहते हुए राजा जी ने मेरा स्वागत किया और मुझे लेकर एक हॉलनुमा कमरे में पहुँच गए जहाँ पहले से ही काफ़ी लोग जमा थे।

"इनसे मिलिए, ये हैं श्री कमलनाथ जी। पत्रकार। हमारे क्षेत्र के गौरव।"

उनके इतना कहते ही कुछ लोगों ने हाथ जोड़े और कुछ लोगों ने केवल सिर हिलाकर पता नहीं अभिवादन किया या उनकी सूचना को स्वीकार किया।

"आइए कमलनाथ जी, इनसे मिलिए ये हैं लाला अमरनाथ जी, इस इलाक़े के मशहूर प्रॉपर्टी डीलर। कभी प्लॉट वग़ैरह ख़रीदने का मन बने तो बताइएगा। और ये हैं श्री रामगोपाल सेठ, ये सनराइज पब्लिक स्कूल में, जिसे हमारे एमएलए साहब चलाते हैं, अंगेज़ी के अध्यापक हैं। बड़े योग्य व्यक्ति हैं। इनकी श्रीमती जी अंग्रेज़ी से बी.ए. हैं। और ये हैं श्री बनवारी लाल गुप्ता। ये बिजली विभाग में हैं। आज इस टाइम इन्हीं की कृपा से बिजली है, वरना तो यह कटौती का वक़्त है...।"

इस पर सब हँस पड़े।

"कृपा तो आपकी है जी हम पर, जो कि हम सब यहाँ इकट्ठा हुए हैं।"

गुप्ता जी ने यह कहकर अपनी झेंप मिटाई।

ठीक उसी समय एक युवक वहाँ पहुँचा और 'एक ज़रूरी बात है' कहकर राजा जी को बुला ले गया। लोग अब आपसी बातचीत में व्यस्त हो गए। मैं एक कोने में रखी कुर्सी पर जाकर बैठ गया।

ख़ैर, जब भोजन आदि सम्पन्न हो गया तो राजा जी ने उसी लड़के को, जो मुझे घर से ले आया था, बुलाया और निर्देश दिया कि वह मुझे वापस छोड़ आए।

"कैसा रहा?" घर आते ही पत्नी ने प्रश्न किया तो मैं झल्ला उठा।

"पता नहीं किन-किन डीलरों-फीलरों को बुला रक्खा था। मैं तो तुम्हारी ज़िद के कारण फँसा।"

"आपके समझने में ग़लती हुई होगी, डीलर नहीं लीडर रहे होंगे।"

"ख़ाक रहे होंगे लीडर। तुम वहाँ होती तो देखती।" मैं अब बुरी तरह झल्ला उठा था। मगर पत्नी थी कि लगातार समझाए जा रही थी। बहरहाल, शाम तक मेरा मन शान्त हो गया।

लगभग दस-बारह रोज़ बाद राजा जी फिर आए। मगर उस दिन उन्होंने ज़्यादा बातचीत नहीं की। बस हाल-चाल पूछा, बिटिया को पुचकारा-दुलारा और चले गए।

उसके पन्द्रह-बीस दिन बाद फिर आए। मगर तब भी उन्होंने कोई ख़ास बातचीत नहीं की। बस यही प्रदर्शित किया कि भेंट-मुलाक़ात के लिए आए हैं।

पत्नी ने कहा, "आप तो बेकार में ही इस आदमी पर झल्ला रहे थे। उतना बुरा तो नहीं लगता।" मुझे भी लगा कि राजा जी से मैं व्यर्थ ही चिढ़ा बैठा हूँ।

बेचारे आते हैं, बिटिया से खेलते हैं, हाल-चाल लेते हैं, चले जाते हैं।

लेकिन जिन दिनों हमारे मन में राजा जी के प्रति ये सद्भावपूर्ण विचार उत्पन्न हो रहे थे, राजा जी कहीं ग़ायब हो गए थे।

दिसम्बर, '96

लगभग डेढ़ या दो महीने के बाद राजा जी फिर पधारे। इस बीच हमारे घर में टेलीफ़ोन था। मैंने उसे ड्राइंगरूम में ही रखवाया था, ताकि लोग जान सकें कि हमारे यहाँ भी फ़ोन है। उन दिनों हालत यह थी कि रास्ता चलते मैं हर मिलने-जुलनेवाले को अपना फ़ोन नम्बर लिखवाया करता था। उस दिन रविवार था। इसलिए सुबह से ही मैं अपनी फ़ोन वाली डायरी लेकर ड्राइंगरूम में बैठ गया था और डायरी में जितने फ़ोन नम्बर लिखे हुए थे, सबको मिला-मिलाकर हालचाल पूछ रहा था। कुछ नम्बर तो मैंने टेलीफ़ोन डायरेक्टरी से भी नोट किए थे। ख़ैर...जिस समय राजा जी पधारे, मैं फ़ोन करने में व्यस्त था।

"अरे, आपके यहाँ फ़ोन लग गया। बधाई हो। ज़रा अपना नम्बर तो नोट कराइए।" राजा जी ने आते ही अपने हैंडबैग से एक डायरी निकाली और मेरा नम्बर नोट कर लिया।

"चलिए, अब सम्पर्क करने में आसानी रहेगी।" राजा जी ने डायरी बैग में रखते हुए कहा। "असल में पिछले दिनों मैं बहुत बिज़ी था। ऐसा है भाई साहब, हम कुछ लोगों ने मिलकर एक संस्था बनाई है जिसका उद्देश्य है समाज में स्थित जातिभेद जैसी बुराई को समाप्त करना। आपकी कृपा से संस्था रजिस्टर्ड भी हो गई है। अब 'सम समाज' को-जी यही नाम है संस्था का-आर्थिक सहयोग मिलने में कोई कठिनाई नहीं होगी। आशा है, आप बुरा नहीं मानेंगे, मैंने बिना आपकी स्वीकृति लिये ही 'सम समाज' की कार्यकारिणी में आपको शामिल कर लिया है। आज शाम को हम एक मीटिंग कर रहे हैं। आपको उसमें आना है। मीटिंग श्री राधेश्याम जी एम.एल.ए. के घर पर होगी। शाम पाँच बजे। हम लोग आपकी प्रतीक्षा करेंगे। अच्छा, अब आप मुझे आज्ञा दीजिए।"

इतना बोलने के बाद राजा जी खड़े हो गए।

"अरे भाई साहब, चाय तो पीते जाइए।" पत्नी ने आवाज़ दी तो राजा जी ने दरवाज़े की ओर बढ़ते हुए कहा, "नहीं भाभी जी, आज नहीं। अभी मुझे कई जगह जाना है। और राजा जी बग़ल में अपना हैंडबैग दबाए बाहर निकल गए।

"क्या ज़रूरत थी चाय बनाने की?" राजा जी के जाते ही मैंने थोड़े सख़्त लहज़े में पत्नी से कहा, "मुझे तो यह आदमी एकदम फ्रॉड लगता है। इसे लिफ़्ट

देने की कोई ज़रूरत नहीं।''

''मगर आपको तो वह आज भी आमंत्रित कर गया है।'' पत्नी हैरत के साथ बोली।

''उसे बकने दो। मैं किसी मीटिंग-वीटिंग में नहीं जाता।''

''और अगर उस दिन की तरह उसने किसी को भेज दिया लिवा लाने को, तब?''

''तुम कह देना कि वे घर पर नहीं हैं।''

''झूठ?''

''हाँ, झूठ।''

और मैं दुबारा फ़ोन करने में व्यस्त हो गया।

दोपहर का खाना खाकर पत्नी और बिटिया सो गईं। मुझे भी झपकी आ गई। नींद टूटी फ़ोन की घंटी से। चूँकि फ़ोन नया लगा था, इसलिए जितना शौक़ मुझे फ़ोन करने का था उससे कहीं ज़्यादा फ़ोन रिसीव करने का था। घड़ी देखी, पाँच बज रहे थे। बातचीत कुछ इस तरह हुई–

''भाई साहब, आप अभी तक आए नहीं? यहाँ सब लोग आपकी प्रतीक्षा में बैठे हैं।''

''अरे भाई, आप लोग कर लीजिए न मीटिंग। जो तय हो बता दीजिएगा।''

''नहीं, यह कैसे हो सकता है? आपके बिना तो मीटिंग हो ही नहीं सकती। मैं किसी को भेजूँ क्या?''

मेरा दिल धक्-धक् करने लगा।

''असल में बात ये है कि अचानक मेरे यहाँ एक गेस्ट आ गए हैं। अभी थोड़ी देर पहले ही पहुँचे हैं।''

''तो क्या हुआ, बस आधा घंटे की तो बात है।''

''यह अच्छा नहीं लगता, मेरे बचपन के मित्र हैं।''

''तो उन्हें भी साथ ले आइए न। यह कोई गोपनीय मीटिंग तो है नहीं।''

''अच्छा देखता हूँ।''

''देखता हूँ नहीं, आपको आना है। आइए। मैं रख रहा हूँ फ़ोन।''

ज़ाहिर है कि मैं नहीं गया। राजा जी ने मुझे लिवाने के लिए किसी को भेजा भी नहीं। न ही उनका फ़ोन आया। हमने समझ लिया कि राजा जी नाराज़ हो गए हैं।

''अच्छा ही हुआ, आपका पिंड तो छूटा।''

पत्नी ने कहा और मैंने चैन की साँस ली।

लेकिन क़रीब एक हफ़्ते के बाद राजा जी फिर हाज़िर। आते ही सोफ़े पर

जम गए और हैंडबैग से एक पैकेट निकालकर मेरी ओर बढ़ा दिया।

"यह क्या?" मैंने पैकेट को थामते हुए पूछा।

"पान है, आपके लिए। मैं जब उस रोज़ आया था तो यहाँ उगालदान देखा था। आपसे पूछना भूल गया, मगर नुक्कड़ पर पानवाले से पूछा कि क्या कमलनाथ जी पान खाते हैं, तो उसने आपके तम्बाकू का नम्बर बता दिया।"

"आपने बेकार ही कष्ट किया।" यह कहकर पान का पैकेट मैंने एक तरफ़ रख दिया। सोचा, राजा जी इसे अपनी उपेक्षा समझेंगे और मेरा पिंड छोड़ देंगे।

"कष्ट कैसा, इसी बहाने सेवा का अवसर तो मिला।" राजा जी ने मेरे अनुमान पर पानी फेरते हुए कहा, "देखिए भाई साहब, उस मीटिंग में तो आप आए नहीं। मैंने भी सोचा कि बचपन के मित्र आए हुए हैं, डिस्टर्ब नहीं करना चाहिए। इसीलिए किसी को नहीं भेजा। मगर अगली मीटिंग में आपको चलना ही होगा। मैं किसी स्कूटरवाले को भेजूँगा। इसी पच्चीस तारीख़ को होगी। उसमें कई महत्त्वपूर्ण निर्णय होने हैं, जिनमें से एक तो यही है कि 'सम समाज' का पैसा किसके पास रहे? आप चाहें तो मेरा नाम प्रस्तावित कर सकते हैं। देखिए, बुरा न मानिएगा, मैं कोई दबाव नहीं डाल रहा हूँ। पर बात असल में यह है कि...ख़ैर छोड़िए, यह सब तो पच्चीस तारीख़ की मीटिंग में तय ही हो जाएगा। आज मैं यह बताने आया हूँ कि कल शाम को एक कोचिंग सेंटर का उद्घाटन है। मेरे बहुत ख़ास आदमी ने यह सेंटर खोला है। उस रोज़ मेरे घर वे आ नहीं सके थे, इसलिए आपसे उन्हें नहीं मिलवा पाया। सीमेंट के वे बहुत बड़े व्यापारी हैं। इधर उनका झुकाव शिक्षा के प्रचार-प्रसार की ओर बढ़ा है। यह सेंटर उसी झुकाव का परिणाम है।...आओ बिटिया, आ जाओ...।"

इस बीच मेरी बिटिया बाहर निकल आई थी और राजा जी का विषय बदलनेवाला था, मगर पत्नी ने तत्काल बिटिया को भीतर बुला लिया था। क्योंकि हम यह तय कर चुके थे कि राजा जी को लिफ़्ट नहीं देनी है। बिटिया के ओझल होते ही राजा जी पुनः अपने विषय पर लौट आए।

"अभी परसों उन्होंने मुझसे पूछा कि और किसे-किसे बुला लें तो मैंने अपने कुछ ख़ास मित्रों के नाम उन्हें नोट करा दिए। उनमें एक आप भी हैं। उन्होंने आपको आमंत्रित करने का दायित्व मुझ पर ही डाल दिया है। बस पन्द्रह-बीस मिनट का प्रोग्राम रहेगा। उद्देश्य तो यही है कि आठ-दस ख़ास-ख़ास मित्र एक जगह इकट्ठे हों और कुछ गपशप हो। तो अब मैं चलता हूँ। याद रखिएगा, कल शाम छह बजे। वैसे कोई न कोई आएगा यहाँ, स्कूटर या मोटरसाइकिल लेकर।"

इतना बोलकर बग़ैर मेरी कोई बात सुने राजा जी चलते बने।

"जाइएगा?"

पत्नी ने पूछा तो मैंने कह दिया कि सवाल ही नहीं उठता।

अगले दिन, यानी उद्‌घाटन वाले दिन, जब मैं दफ़्तर से घर आया तो पत्नी ने बताया कि राजा जी के दो फ़ोन आ चुके हैं।

"तुमने क्या कहा?"

"कह दिया कि घर पर नहीं हैं।"

"ठीक है। अब कोई फ़ोन आए तो कह देना, दफ़्तर से उनका फ़ोन आया था, कह रहे थे कि दफ़्तर के काम से उन्हें कहीं जाना है, रात में लौटेंगे।"

पत्नी को यह निर्देश देने के बाद मैं लेट गया और बिटिया को सुलाने की कोशिश करने लगा। असल में हुआ यह कि टेलीफ़ोन करने और रिसीव करने का मेरा शौक़ तो जाता रहा था, मगर यह शौक़ अब बिटिया में पैदा हो गया था। जैसे ही घंटी बजती, वह टेलीफ़ोन की तरफ़ लपकती। उसे फ़ोन पर 'हैलो, आप कौन बोल रहे हैं? जी, पापा जी हैं। अभी बुलाती हूँ।' वग़ैरह बोलने में बड़ा मज़ा आता था। चूँकि राजा जी से वह हिली हुई थी इसलिए डर था कि कहीं फ़ोन उठाकर कह न दे कि पापा जी हैं। मगर मेरी तमाम कोशिशों के बावजूद उसे नींद नहीं आ रही थी। तभी अचानक फ़ोन की घंटी बजी। बिटिया ने उठकर फ़ोन की तरफ़ लपकना चाहा। मैंने उसे दबोच लिया। वह रोने लगी। मैंने उसे इशारे से चुप रहने के लिए कहा। कुछ बोला इसलिए नहीं कि तब तक पत्नी ने फ़ोन उठा लिया था। सोचा, कहीं रिसीवर में मेरी आवाज़ घुस गई तो ग़ज़ब हो जाएगा। और जैसे ही पत्नी के मुँह से निकला, "जी हैं। अभी बुलाती हूँ।" मेरे हृदय की धड़कन तेज़ हो गई।

"किसी और का फ़ोन है। कोई रमेश जी हैं।"

पत्नी का यह वाक्य सुन लेने के बाद मैं सामान्य हो सका।

लेकिन वह पूरा दिन बड़ी मुश्किल में बीता। ऐसा लग रहा था मानो हम किसी दंगाग्रस्त इलाक़े में फँस गए हों और दंगाई अब हमला बोलने ही वाले हैं। जैसे ही फ़ोन की घंटी बजती, ऐसा महसूस होता मानो कहीं गोली चली हो। उस रोज़ कमबख़्त फ़ोन भी बहुत आ रहे थे। मुझे पहली बार उसी वक़्त यह एहसास हुआ कि दुनिया भर के लोगों को अपना नम्बर नोट करा के मैंने भारी भूल की है। पत्नी अलग परेशान थी। बार-बार उसी को फ़ोन उठाना पड़ रहा था। बिटिया को रोके रखना भी बड़ी समस्या बन गई थी। एक बार तो ऐसा हुआ कि पत्नी ने थोड़ा-सा आलस्य बरता और मुझसे कुछ ऐसी लापरवाही हुई कि बिटिया ने दौड़कर फ़ोन उठा लिया। नतीजा यह हुआ कि पत्नी ने उसकी

पिटाई कर दी। हालाँकि वह फ़ोन मेरे मित्र रामजी मिश्र का था, राजा जी का नहीं। राजा जी का फ़ोन तो कार्यक्रम आरम्भ होने से सिर्फ़ बीस मिनट पहले आया। उस समय मैं सो रहा था। बिटिया भी मार खाकर रोते-रोते सो गई थी। पत्नी ने उन्हें वही जवाब दिया, जो कि हम पहले ही तय कर चुके थे।

जनवरी '97

कई दिन गुज़र गए। राजा जी का पता नहीं चला। न वे आए, न उनका फ़ोन आया। हमने फिर सोचा कि राजा जी नाराज़ हो गए हैं, अच्छा ही हुआ। लेकिन अपना यह विचार हमने बरक़रार रखा कि अगर अब वे आएँ भी तो उन्हें लिफ़्ट नहीं देना है।

राजा जी नहीं आए।

लेकिन एक रोज़ जबकि मैं सब्ज़ी ख़रीदने जा रहा था, देखा, सामने से बग़ल में हैंडबैग दबाए राजा जी चले आ रहे हैं। मैं ठिठककर खड़ा हो गया और इधर-उधर छिपने की जगह देखने लगा। जिस सड़क पर मैं खड़ा था, अगर उसके दाएँ या बाएँ कोई गली होती तो मैं तत्काल उसमें घुस जाता। लेकिन सड़क के दोनों ओर बस दुकानें ही दुकानें थीं। हाँ, बाईं तरफ़ एक पेड़ ज़रूर था लेकिन जब तक मैंने तय किया कि पेड़ के पीछे जाकर खड़ा हो जाऊँ, राजा जी एकदम सामने आ गए।

''देखिए, इसी को कहते हैं भाग्य!'' राजा जी बोले, ''जब भाग्य में मिलना लिखा होता है तो वह हो ही जाता है। मैं आप ही के घर की तरफ़ जा रहा था। और ये देखिए कि रास्ते में ही भेंट हो गई। असल में आपसे एक ज़रूरी बात करनी है। चलिए न, किसी चाय की दुकान पर बैठते हैं।''

''नहीं राजा जी, मैं ज़रा जल्दी में हूँ।'' मैंने उन्हें टालने की कोशिश की, मगर वे कहाँ माननेवाले थे। बोले–

''मैं आपका ज़्यादा टाइम नहीं लूँगा। बस दस मिनट।'' और मेरा हाथ पकड़कर चल पड़े। हम चाय की दुकान पर पहुँचे। राजा जी ने दो चाय का ऑर्डर दिया। फिर उन्होंने अपना हैंडबैग खोला और उसमें से एक पैम्फलेटनुमा काग़ज़ निकालकर मुझे थमा दिया।

''यह क्या है?'' मैंने उस काग़ज़ को उलटते-पलटते हुए पूछा।

''आप उस दिन तो आ नहीं पाए थे, मेरे मित्र के कोचिंग सेंटर के उद्घाटन वाले दिन, वरना आपको सब पता चल गया होता। मैंने असल में इस फर्म की एजेंसी ले रखी है।''

"मगर ये है क्या?" मैंने थोड़ी झल्लाहट के साथ पूछा।

"देखिए, ऐसा है कि आप तो जानते ही हैं कि हमारी सरकार भी पेड़ लगाने पर बहुत ज़ोर दे रही है, तो हमारी यह फर्म भी चाहती है कि पेड़ लगाए जाएँ। अब पेड़ के लिए जगह का प्रबन्ध करने, पेड़ लगाने और उसकी देखभाल करने में पैसे तो ख़र्च होंगे ही। इसलिए फर्म ने तय किया है कि जो प्रकृति-प्रेमी हों, देशभक्त हों, ज़िम्मेदार हों, समझदार हों, वे लोग अपने-अपने नाम से कुछ पेड़ अभी से ख़रीद लें। एक पेड़ की क़ीमत है सिर्फ़ दो हज़ार रुपए। और फ़ायदा? बीस साल बाद दो लाख रुपए। यानी अगर आज की तारीख़ में आप दो हज़ार इन्वेस्ट करके एक पेड़ ख़रीदते हैं तो समझिए कि बीस साल बाद आप दो लाख के मालिक होंगे। इसके अलावा हम इंश्योरेंस और ऋण की सुविधा भी देते हैं। उस रोज़, यानी उद्‌घाटन वाले रोज़, मेरे सभी ख़ास मित्रों ने अपने-अपने नाम से पेड़ ख़रीदे। बस, एक आप ही रह गए, पर मैं जानता हूँ कि आप तो मेरे इतने ख़ास मित्र हैं कि मना कर ही नहीं सकते...।"

"मगर राजा जी।" मैंने उनके भाषण को बीच में काटते हए कहा, "बात ये है कि इस तरह की इतनी स्कीमें आजकल निकली हुई हैं कि कोई आदमी अगर चाहे कि उसे दस-पन्द्रह, बीस साल बाद लखपति-करोड़पति बनना है तो उसकी सारी कमाई ही इन्वेस्ट हो जाएगी और उसके बाल-बच्चे भीख माँगेगे, इसलिए मैंने तय किया है कि मैं इस तरह की किसी स्कीम में पैसा नहीं लगाऊँगा।"

मेरे मुँह से इस तरह की दो-टूक बात सुनकर राजा जी चुप हो गए। लेकिन न तो उनके चेहरे पर कोई शिकन नज़र आई और न ही परेशानी। बोले, "ठीक है। मैं आपको विवश नहीं कर रहा हूँ। फिर भी सोचिएगा। भाभीजी से भी सलाह कीजिएगा। मन बने तो अपने नाम से न सही, बिटिया के नाम से ही, कम से कम एक पेड़ ख़रीद लीजिएगा। आख़िर उसकी शादी भी तो करनी होगी आपको। चलिए आज मैं आपको इस इलाक़े के सबसे मशहूर पान वाले के यहाँ पान खिलाता हूँ।" यह कहकर उन्होंने अपना हैंडबैग सँभाला और उठ खड़े हुए। मैंने जेब में पड़ा पान निकाला और यह कहते हुए कि उस दुकान में किसी दूसरे दिन पान खाऊँगा, अपना पान दबाकर उनसे विदा ली।

"आप तो सब्ज़ी लेने गए थे?"

घर आने पर मुझे ख़ाली हाथ देखकर पत्नी ने टोका तो मैं बरस पड़ा।

"मैं उस मुसीबत से बचकर आ रहा हूँ न, उसमें फँस जानेवाला तो घर ही

नहीं आ सकता था। शुक्र मनाओ कि मुझे सामने देख रही हो।''

इतना सुनना था कि पत्नी बेहद घबरा गई।

''क्या हुआ? किसी से झगड़ा हो गया क्या?''

''वह भी होता तो ठीक था। मगर वो? अरे, वही राजा जी का बच्चा फ्रॉड है फ्रॉड। देखो गुड़िया की अम्माँ, भगवान के लिए मुझे उससे बचाओ।''

बस उस समय सिर्फ़ इतना ही बोलकर मैं लेट रहा। पत्नी ने भी कोई जिरह नहीं की। मगर बाद में मैंने विस्तार से पत्नी को सब कुछ बताया और हमने तय किया कि राजा जी से हर हाल में बचना है।

एक रोज़ बाक़ायदा हम लोगों ने मीटिंग की। मीटिंग में मेरे कुछ मित्र भी शामिल हुए। मीटिंग में तय हुआ कि घंटी बजने पर दरवाज़ा मम्मी, यानी मेरी पत्नी खोलेंगी, फ़ोन भी वही रिसीव करेंगी। और हर हाल में, अगर राजा जी होंगे तो जवाब यही दिया जाएगा कि वे घर में नहीं हैं। लेकिन एक समस्या फिर भी बनी रही कि अगर राजा जी रास्ते चलते मिल जाएँ तो उसका क्या निदान हो? पत्नी ने कहा, ''फ़ौरन पीछे मुड़ जाइए।''

मेरे एक दूसरे मित्र ने कहा, ''राजा जी से बचने का जो तरीक़ा सोचा गया है, उसका अभ्यास होना आवश्यक है।''

तीसरे मित्र ने कहा, ''इसके लिए मैं राजा जी बनने को तैयार हूँ।''

बिटिया चूँकि बहुत छोटी है, इसलिए उसकी राय नहीं ली गई। हालाँकि फ़ोन के मामले में पत्नी ने यह सवाल उठाया कि अगर गुड़िया ने फ़ोन उठा लिया तो? इसे भी स्थिति समझा दी जाए। मगर मैंने यह कहकर उसका विरोध किया कि इससे बच्ची में झूठ बोलने की आदत विकसित होगी।

बहरहाल, हमने राजा जी से बचने की तैयारी युद्ध स्तर पर कर ली थी, मगर अभी उसका अभ्यास तक नहीं हो पाया था कि एक रोज़ दरवाज़ा खुलते ही राजा जी अन्दर आकर सोफ़े पर जम गए। उन्होंने पहले की तरह ही अपना हैंडबैग खोला और उसमें से कुछ काग़ज़ वग़ैरह निकालते हुए बोलने लगे–

''असल में भाई साहब, मेरा अपना अनुभव यही कहता है कि इस दुनिया में कोई किसी का सगा नहीं है। अब देखिए, कितनी भाग-दौड़ करके मैंने 'सम समाज' को रजिस्टर्ड कराया। मगर उसके नाम पर जो पैसा इकट्ठा हुआ, उसे एम.एल.ए. साहब डकार गए। कोचिंग सेंटर के लिए तीन टीचरों की व्यवस्था मैंने की, जिनमें एक मेरी साली भी थीं। मगर आज की तारीख़ में हालत यह है कि मेरी साली को निकाल दिया गया है। यही नहीं, उसे अपमानित करने के लिए यह अफ़वाह उड़ाई जा रही है कि सेंटर में किसी टीचर के साथ उसका झमेला

चल रहा है। और वो पेड़? उस फर्म ने तो मेरे साथ ऐसा दग़ा किया है कि बताते भी शर्म आती है। मैंने इतने पेड़ ख़रीदवाए, मगर फर्म के मालिक सतेन्द्र सिंह का कहना है कि एक-एक पेड़ ख़रीदने से तो फर्म नहीं चलेगी। एक-एक आदमी कम से कम दस-दस पेड़ ख़रीदे। अब बताइए, है न यह ज़्यादती। ख़ैर...इस बीच एक ऐसी फर्म से भी मैं टकराया जो जानवर पालने के लिए पैसा इन्वेस्ट कराती है। यानी एक भेड़ या बकरी, या बकरा ख़रीदिए और दस या पन्द्रह साल बाद कई गुना पैसे पाइए। मगर क्षमा कीजिएगा, यह स्कीम मुसलमानों के लिए ज़्यादा फ़ायदेमन्द है, क्योंकि तमाम सुविधाओं के अलावा इस स्कीम में एक सुविधा यह भी है कि इन्वेस्ट करनेवाले को हर साल क़ुर्बानी करने के लिए एक जानवर-भेड़ या बकरा-मुफ़्त में मिलेगा। और आप तो जानते ही हैं कि मैं सौ प्रतिशत अहिंसावादी हूँ। इसलिए उस ऑफर को ठुकरा दिया। मगर इस पापी पेट के लिए आख़िर कुछ न कुछ तो करना ही पड़ेगा। यही सोचकर मैंने 'श्री श्री श्री' को ज्वाइन कर लिया है। 'श्री श्री श्री' की योजना को सुनकर आप उछल पड़ेंगे। श्री यानी लक्ष्मी। और 'श्री श्री श्री' का अर्थ है-इन्वेस्ट की गई लक्ष्मी तीन गुना हो जाएगी। 'श्री श्री श्री' योजना में इन्वेस्ट कीजिए और अपने घर में लक्ष्मी की वर्षा देखिए। इस इलाक़े में लगभग सभी लोग इस योजना से लाभ उठा रहे हैं। इसकी एक बड़ी विशेषता यह है कि अगर आप चाहें तो हर साल आपको एक निश्चित राशि मिल सकती है। यही नहीं, अगर आप चाहें तो तीन वर्षों के लिए पोस्टडेटेड चेक आपको फ़ौरन दे दिए जाएँगे। मेरा विचार है कि यह स्कीम आपको ज़रूर पसन्द आई होगी। बोलिए, कितना इन्वेस्ट कर सकते हैं आप? आपको कुछ नहीं करना है। बस, चेक काटकर दे दीजिए। बाक़ी सब कुछ मैं कर लूँगा। सिर्फ़ दो-तीन जगह आपको साइन करने होंगे।''

''देखिए राजा जी,'' मैंने उन्हें एकदम टालनेवाले अन्दाज़ में कहा, ''मैं बहुत पहले कह चुका हूँ कि इस तरह की किसी भी स्कीम में मेरी कोई दिलचस्पी नहीं है।''

''मैं जानता हूँ,'' राजा जी अत्यन्त दयनीयता के साथ बोले, ''मगर आप मेरे ख़ास मित्र हैं। मित्र की सहायता मित्र ही करता है। इस स्कीम की विशेषता यह है कि इसमें आप कम से कम एक हज़ार रुपए भी इन्वेस्ट कर सकते हैं। मेरा विचार है कि इतना तो आप मेरे लिए कर ही सकते हैं। बस, एक हज़ार।

''मगर मुझे थोड़ा समय दीजिए, सोचने के लिए।''

मैंने पिंड छुड़ाने के उद्देश्य से यह कहा तो राजा जी तत्काल मान गए।

''कोई बात नहीं, सोच लीजिए। अपने मिलने-जुलनेवालों से भी बात

कीजिएगा। दफ़्तर में भी ज़िक्र कीजिएगा। अगर पाँच लोगों को आप इस स्कीम में शामिल करा सकें तो आपको कुछ अतिरिक्त लाभ भी हो सकता है। अच्छा अब मैं चलता हूँ।''

यह कहते हुए राजा जी चले गए।

''अजीब आदमी है,'' उनके जाने के बाद पत्नी ने झल्लाते हुए कहा, ''यह तो किलनी की तरह चिपकता है। आप झाड़ क्यों नहीं देते?''

''मुझे तो इस आदमी पर तरस भी आता है और ग़ुस्सा भी।''

इतना कहकर मैंने उगलदान उठाया और ढेर सारी पीक उसमें उगल दी।

हमने अब राजा जी से बचने की पूरी तैयारी कर ली थी। फ़ोन आए तो कह दो नहीं हैं और फ़ोन रख दो। घर आए तो भी कह दो नहीं हैं। मैंने ड्राइंगरूम में बैठना ही बन्द कर दिया। बाहर निकलना भी कम कर दिया। दफ़्तर जाने का रास्ता बदल दिया। सड़क पर चलता तो पूरी तरह चौकन्ना होकर। मित्रों से कह दिया कि बाहर कहीं राजा जी टकराएँ और पूछें तो कहिएगा, बाहर गए हुए हैं। बस बिटिया से कुछ नहीं कहा। इतने छोटे बच्चे को झूठ बोलने की शिक्षा देना उचित नहीं लगा। घर के तीन कमरों में से एक को मैंने पूरी तरह अपना कमरा बना लिया और जब भी घर में रहता, अक्सर उसी में बैठा-सोया करता।

आपबीती से अलग

गर्मियों के दिन थे। कमलनाथ जी अपने कमरे में बैठे दफ़्तर का काम निबटा रहे थे। उस दिन कोई पर्व था, इसलिए छुट्टी थी। उनकी पत्नी रसोई में व्यस्त थीं। बिटिया सो रही थी। अचानक बिजली चली गई और पत्नी रसोई से बाहर आ गईं। उन्होंने खिड़कियों से पर्दे हटाए ही, दरवाज़ा भी खोल दिया। तभी किसी के पदचाप सुनाई पड़े और ड्राइंगरूम से आवाज़ आई–

''अरे, भाई साहब हैं क्या?''

कमलनाथ जी को लगा कि राजा साहब हैं। उन्हें पत्नी पर ग़ुस्सा आया कि दरवाज़ा क्यों खोल दिया था? लेकिन पत्नी ने बड़ी सादगी से काम लिया। पहले तो उसने कमलनाथ जी के कमरे का दरवाज़ा बन्द करके बाहर से कुंडी लगाई, फिर बाहर निकलीं।

''जी, वो तो नहीं हैं।''

पत्नी के मुँह से यह सुनने के बाद ही कमलनाथ जी के दिल की बढ़ी हुई

धड़कन कम हुई। उन्होंने अन्दर से भी सिटकनी चढ़ा ली। फिर वे कान लगाकर बाहर की आवाज़ सुनने लगे।

''कहाँ गए हैं?''

''अपने किसी मित्र के यहाँ गए हैं।''

''कब तक आएँगे?''

''कहकर तो नहीं गए। कोई ख़ास काम था क्या?''

''हाँ, इस काग़ज़ पर उनसे हस्ताक्षर कराना है। पेमेंट वे बाद में कर दें, कोई बात नहीं।''

''ठीक है, आएँगे तो मैं कह दूँगी। बल्कि आपके यहाँ भेज दूँगी उन्हें।''

''नहीं भाभी जी, भाई साहब बहुत बिज़ी रहते हैं। वो कहाँ आ पाएँगे?''

''फिर आप ही किसी रोज़ आ जाइएगा।''

तभी बिजली आ गई।

''हे भगवान, कृपा तो हुई। इस साल तो बड़ी सड़ी हुई गर्मी पड़ रही है भाभी जी। हमारी तरफ़ तो कल से बिजली गई हुई है। भाभी जी ठंडा पानी मिलेगा? बड़ी प्यास लगी हुई है।''

कमलनाथ जी को लगा कि पत्नी ने फ्रिज़ खोलकर उन्हें पानी दिया।

''गुड़िया के पापा भी अजीब हैं। जहाँ जाते हैं वहीं के होकर रह जाते हैं। पता नहीं कब तक आएँगे!''

''कोई बात नहीं, मैं थोड़ी प्रतीक्षा कर लेता हूँ। यहाँ पंखे की हवा भी है। अपना कुछ काम ही कर लूँ। बहुत सारे काम करने हैं। भाभी जी, आप अपना काम कीजिए। हमारी दोस्त बिटिया क्या कर रही है?''

''सो रही है।''

''ठीक है, सोने दीजिए। जाइए भाभी जी, आप अपना काम कीजिए।''

उन्हें लगा कि पत्नी वहाँ से उठ गई।

'हे भगवान, किसी प्रकार राजा जी से मुक्ति दिलाओ।' कमलनाथ जी ने मन ही मन प्रार्थना करनी शुरू कर दी। दफ़्तर की फाइल बन्द कर दी। उस समय ऐसा लग रहा था मानो बाहर राजा जी नहीं, यमदूत बैठे हैं। जैसे ही वे बाहर निकलेंगे दबोच लेंगे।'

पुनः कमलनाथ जी की आपबीती

मैं बैठा-बैठा थक गया था, इसलिए लेट गया। सोचा, आँखें बन्द करके सो जाऊँ। मगर नींद आए तब न! सहसा अपने भीतर मैं एक अजीब तरह का तनाव

महसूस करने लगा। लेकिन अगले ही पल मुझे भान हुआ कि तनाव का कारण कुछ और नहीं, सिर्फ़ यह था कि मुझे पेशाब लगा था। तनाव लगातार बढ़ता जा रहा था। दरवाज़े में बाहर से कुंडी न लगी होती तो किसी तरह पाँव दबाकर मैं बाथरूम तक जा सकता था। मगर अन्दर से दरवाज़ा खटखटाकर पत्नी को इशारा करने में ख़तरा ही ख़तरा था। वैसे तो मुझे प्यास भी लगी थी, जिसे मैं बर्दाश्त किए हुए था। पर, पेशाब को बर्दाश्त करना मुश्किल हो रहा है। मैं उठकर चहलक़दमी करने लगा, तनाव शायद कम हो। लेकिन बजाय कम होने के वह और बढ़ गया। तब मैं उकड़ूँ बैठ गया।

'हे भगवान, कुछ तो करो।'

मैंने मन ही मन प्रार्थना की और अचानक ही मेरी निगाह उगालदान पर पड़ी, जो एक कोने में रखा हुआ था। मैं उस तक उठकर गया। पीक से वह आधा भरा हुआ था। उसे देखते ही तनाव इस तरह बढ़ा मानो मेरे सामने उगालदान नहीं, बाथरूम का पायदान रखा है। मैं उसी में पेशाब करने लगा।

तभी बाहर फ़ोन की घंटी बजी और पत्नी की आवाज़ आई–

"हलो, क्या? आज आप नहीं आएँगे? यहाँ राजा जी इन्तज़ार कर रहे हैं। क्या? उनके साथ आगरा जा रहे हैं? दो–तीन दिन में लौटेंगे। ठीक है, कह दूँगी।"

मैंने राहत की साँस ली। अब तक तनाव भी कुछ कम हो गया था। लेकिन पेशाब तो रावण के पेशाब को भी मात देने की ठाने हुए था। उगालदान का मुँह भरने को आ गया था...पत्नी ने कुंडी खोल दी थी, मगर अन्दर से सिटकनी चढ़ी हुई थी...वह दरवाज़े को लगातार थपथपा रही थी...बिटिया जागकर रो रही थी। मैंने किसी तरह कार्य सम्पन्न किया और आगे बढ़कर सिटकनी खोल दी।

"दरवाज़ा अन्दर से क्यों बन्द कर लिया था?" पत्नी ने कमरे में घुसते ही प्रश्नों की झड़ी लगा दी। "खोल क्यों नहीं रहे थे? उन्हें तो मैंने टरका दिया। क्या कर रहे थे?"

मैंने उगालदान की ओर इशारा किया। पत्नी ने मुँह बिचकाया और अन्दर चली गई। थोड़ी देर बाद ऐसा लगा मानो उगालदान की जगह एक बड़ा–सा तालाब है और राजा जी उसमें नहा रहे हैं।

कहानी खत्म : मात्र एक सम्भावना

इसके बाद जो कुछ हुआ, उसे शायद अगली पीढ़ी का कथाकार बताएगा।

वर्तमान साहित्य, जुलाई 1999

फ़ीडबैक

अपने कम्प्यूटर में कहानी का शीर्षक फीड करने के बाद कहानीकार हिलाल बिन अब्दुल बिस्मिल्लाह उछल पड़ते हैं। वे सीधे अपने बेटे तदेउष हिलाल के कमरे में पहुँचते हैं। दस वर्षीय तदेउष हिलाल उस समय अपने रोबोट के साथ शतरंज खेल रहे होते हैं। बढ़िया लेदर का बना शतरंज के मुहरों का डिब्बा नीचे पड़ा होता है, जिस पर लिखा होता है : महान आर्यावर्त की महान गृहक्रीड़ा–चतुरंग।

'तदेउष!' हिलाल बिन अब्दुल बिस्मिल्लाह उसे इस तरह पुकारते हैं, मानो हाल ही में बेटे को डिस्टर्ब करने के जुर्म में उसका एक झापड़ खा चुके हों।

''यस, बट नो डैड, प्लीज़, शप्राशाम।'' बेटा बोलता है और अपने अन्तिम शब्द के माध्यम से खेद प्रकाश भी कर देता है।

''सुनो तो, मतलब चलकर देखो तो, क्या आइडिया आया है?''

''सेव योर हॉर्स।'' बेटा पहले रोबोट से बोलता है, फिर वालिद से मुख़ातिब होता है, ''यस व्हाट आइडिया!''

''मैंने अपनी कहानी को क्या शीर्षक दिया है, चलकर देखो ज़रा! यार, तुम पास कर दो तो मज़ा आ जाए।''

''निय।'' तदेउष इनकार कर देता है। पिता विनती करते हैं।

''प्रोशे, प्रोशे बारजो।''

कृपया, बार–बार कृपया...आदि के निवेदन से आखिर तदेउष पिघलता है। रिमोट हाथ में लेकर रोबोट को चाल चलने से रोकता है। फिर, बाप के साथ चल देता है।

कम्प्यूटर में कहानी का शीर्षक फीड है। बटन दबाते ही वह प्रकट हो जाता है : 000798–897111–05 डायल करें।

तदेउष चीख़ता है–''व्हाट?''

''अरे बरख़ुरदार, ये वो नम्बर है, जो इन दिनों हर इश्तहार में आ रहा है। यानी ये नम्बर डायल करो और निजी, पारिवारिक, सामाजिक, सेक्स सम्बन्धी,

राष्ट्रीय तथा अन्तर्राष्ट्रीय किसी भी समस्या के समाधान से सम्बन्धित सूचना प्राप्त करो। अब ज़रा सोचो, कहानी का शीर्षक पढ़ लेने के बाद क्या कोई भी पाठक कहानी पढ़े बग़ैर रह सकेगा?

''यू आर रैट।''

''रैट नहीं माइ डियर, राइट।''

''आजकल डैड प्रोनॉन्सिएशन का ज़माना निय।''

यह बोलता हुआ तदेउष अपने कमरे की तरफ भाग जाता है। ठीक उसी समय तदेउष की माँ योआन्ना हिलाल खट-खट सैंडिल बजाती भीतर दाख़िल होती हैं और सीधे अपने कमरे में घुस जाती है। योआन्ना को हिलाल मियाँ पोलैंड से अपने साथ लाए हैं। कहते हैं, शादी वहीं कर ली है। एक बुज़ुर्ग ने सवाल उठाया कि क्या निकाह हुआ है, तो कहानीकार हिलाल बिन बिस्मिल्लाह बोले : एक क्रिएटिव पर्सनाल्टी से इस तरह का क्वेश्चन करते आपको शर्म नहीं आती।

योआन्ना को जब भी हिलाल मियाँ अचानक देखते हैं-अचानक ही देखते हैं और क्या-बुज़ुर्ग का सवाल उन्हें याद आ जाता है। सो, उसी सवाल को याद करते हुए वे अपने कक्ष में प्रवेश करते हैं।

हिलाल बिन अब्दुल बिस्मिल्लाह के कक्ष का नाम है, 'लिटरेरी लैबोरेटरी' यानी संक्षेप में एल.एल.। एल.एल. में कुल तीन रैकें हैं। लकड़ी की। तीनों ही पोलैंड की बनी हैं। जिस टेबुल पर उनका कम्प्यूटर रखा है, वह रोम का है। कम्प्यूटर अमेरिका का। टेलीफ़ोन का डिब्बा भारतीय। डिब्बे पर लेदर मढ़ा है। फ़र्श पर एक ऐसी चीज़ बिछी है, जो देखने में क़ालीन लगती है, पर है नहीं। टेबुल पर, कम्प्यूटर के ठीक बग़ल में एक यंत्र लगा है, जिसमें कई रंग के छोटे-छोटे बल्ब जलते हैं। वे समय-समय पर यह बताते हैं कि लेखक को अब किस चीज़ की ज़रूरत है। यानी पानी, चाय, कोल्ड ड्रिंक, बीयर, हार्ड ड्रिंक या फिर खाद्य पदार्थ। जो तीन रैकें हैं, उनमें से एक में शराब की बोतलें सजी हैं, दूसरी में भाँति-भाँति की कैसेटें और तीसरी में कुछ किताबें, कुछ काग़ज़, कुछ फ़्लॉपियाँ, कुछ सी.डी. आदि तथा एक दूसरे खाने में पोलीथीन की छोटी-छोटी पुड़ियों में तरह-तरह की मिट्टियों के नमूने। दरअसल, हिलाल बिन अब्दुल बिस्मिल्लाह को लगता है कि कहानी लिखने के लिए मिट्टी से जुड़ना बहुत ज़रूरी है। सो, जब उन्हें जिस इलाक़े की कहानी लिखनी होती है, उस इलाक़े की मिट्टी निकालकर अपने सामने रख लेते हैं।

इस समय उनकी टेबुल पर लेटेराइट मिट्टी की पुड़िया रखी हुई है। वे मध्य, प्रदेश के आदिवासी जीवन की कहानी लिखना चाहते हैं।

हिलाल बिन अब्दुल बिस्मिल्लाह कम्प्यूटर ऑन करते हैं। की-बोर्ड पर

बिजली की फ़ुर्ती से उँगलियाँ दौड़ाते हैं। बार-बार एंटर करते हैं-यानी एंटर वाला बटन दबाते हैं। फिर झल्ला उठते हैं। चीख़ते हैं-

"तदेउष।"

चीख़ सुनकर तदेउष नहीं, तदेउष की माँ आती हैं।

"त्सो?"

"पूछ रही हो, क्या? कम्प्यूटर में मैंने एम.पी. के ट्राइबल लाइफ़ के बारे में जो मैटर फ़ीड किया था, वो क्या हुआ? मैं पूछता हूँ, गया कहाँ वो?"

"वायरस। वायरस तुमारे बारत में कितना है, मालूम?"

"मालूम।"

"फिर? बाज़ार में कितना वायरस है, मालूम। "

"नहीं।"

"तो सुनो। आज मैं आलू ले आई बारह हज़ार में, एक किलो। एक गोभी पन्द्रह हज़ार में। एक पैकेट मलेको-मीन्स मिल्क-बीस हज़ार में, मैस्वो-मीन्स मक्खन-सौ ग्राम का पैकेट द्वाजिश्या ओषयम-सॉरी, अठाईस हज़ार में, तदेउष के लिए एक शर्ट खरीदी दो लाख में। देखो, देखो अपने बारत को देखो।"

"देख रहा हूँ।" हिलाल बिन अब्दुल बिस्मिल्लाह ने साहस के साथ अपनी पत्नी को फ़ेस किया। "मगर, योआन्ना, कम से कम तुम्हें तो इस वायरस पर हैरत नहीं होनी चाहिए। मेरे पिता बताते थे कि एक ज़माने में तुम्हारे देश में भी प्राइसेस की यही हालत रही है।"

"वही तो, हैरत की बात यही है कि इस कंत्री में वायरस भी इतना लेत पहुँचता है।"

"चलो, वो तो ठीक है हमारा कंट्री लेट चल रहा है, मगर अब मैं क्या करूँ? उस मैटर के बग़ैर तो मैं एक लाइन भी नहीं लिख सकता।"

"ओहो, तुम इंतरनेत से बात करो। वहाँ सब रिकार्द ओगा।"

यह बोलती हुई योआन्ना चल देती है। उसकी सैंडिलों की आवाज़ हिलाल के कानों में गूँजती रह जाती है।

हिलाल बिन अब्दुल बिस्मिल्लाह इंटरनेट से सम्पर्क करते हैं, पर मध्य प्रदेश के आदिवासी जीवन से सम्बन्धित कोई सूचना उन्हें नहीं मिल पाती। हाँ, यह ज़रूर पता चलता है कि कोई एक अमेरिकन एजेंसी है, जो यह सूचना दे सकती है। हिलाल मियाँ एजेंसी का कांटैक्ट नम्बर तो नोट कर लेते हैं, पर कोशिश नहीं करते। वे अपने शयन-कक्ष में जाकर टी.वी. ऑन कर देते हैं।

हिलाल बिन अब्दुल बिस्मिल्लाह के परिवार में कुल तीन जन हैं। वे, उनकी पत्नी और उनका बेटा। सो, तीनों के अपने-अपने टी.वी. सेट्स हैं। वे मनचाहे चैनल्स पर मनचाहे प्रोग्राम देख सकते हैं। चूँकि साहित्यिक पत्रिकाओं में छपनेवाली रचनाओं में सेक्स का होना ज़रूरी है, इसलिए हिलाल बिन अब्दुल बिस्मिल्लाह ने भी अपने टी.वी. सेट में उसी तरह के चैनेल्स सेट कर रखे हैं। वे एक के बाद दूसरा, दूसरे के बाद तीसरा, फिर चौथा, पाँचवाँ, बारहवाँ, बीसवाँ, पचासवाँ, सौवाँ, एक सौ बीसवाँ, एक सौ सत्ताईसवाँ आदि विभिन्न चैनल्स को ऑन करते हैं, पर 'मज़ा' नाम की चीज़ नज़र ही नहीं आती। यानी किसी भी चैनल पर पूरी की पूरी आदमज़ाद नंगी लड़की नहीं दिखाई पड़ती।

अब ज़रा पढ़िए : कि हिलाल बिन अब्दुल बिस्मिल्लाह क्या करते हैं। वे तत्काल घर से बाहर निकलते हैं और प्लास्टिक से बने, पानी भरे तालाब में तैर रहे अपने एकमात्र हंस की गर्दन मरोड़कर उसे पास की झाड़ी में फेंक देते हैं।

झाड़ी में भूतनुमा एक आदमी प्रकट होता है। गुर्राता है–

"क्या किया?"

"कर्तव्य।"

"कर्तव्य? अर्थात्?"

"अर्थात् जो करना चाहिए।"

"यानी?"

"आप हैं कौन?"

"दादा।"

"व्हाट?"

"एक मास्टर का वारिस।"

"ओह! समझा! मास्टर यानी लिटरेचर का गुंडा?"

"व्हाट?"

"नहीं, नहीं, यूँ ही बोल गया। बताइए क्या सेवा करूँ?"

"हंस को तो मार दिया, मगर रोस्ट करके ईट न जाना।"

"क्यों?"

"हंसिनियाँ एंग्री हो जाएँगी।"

"तो?"

"तो? व्हाट? तुम्हारी भी वही दशा होगी जो दूसरों की हुई। अब भी सारे क्रिटिक्स मेरे साथ हैं।"

"ओह।"

और भूत ग़ायब हो गया।

हिलाल चीख़ते हैं। तदेउष हाज़िर होता है।

''प्रोशे पाना, त्सो प्राब्लेमा?''

''निय मा प्राब्लेमा।''

तदेउष जानना चाहता है कि समस्या क्या है, पर हिलाल बिन अब्दुल बिस्मिल्लाह यह कहकर टाल देते हैं कि कोई समस्या न्हीं है।

लेकिन कहानी का क्या हो? वे अमेरिकन एजेंसी का कॉन्टैक्ट नम्बर डायल करते हैं। उधर से आवाज़ नहीं आती। टेलीफ़ोन के डिब्बे पर बने हुए स्क्रीन पर एक अधनंगी लड़की रिसीवर कान से लगाए नज़र आती है।

''व्हाट? टाइल्स? नो, सॉरी...व्हाट? ट्राइब्स! यस, यस, मैं आपको ट्राइब्स के बारे में इन्फॉर्मेशन दे सकती हूँ।''

हिलाल बिन अब्दुल बिस्मिल्लाह ख़ुशी से चीख़ उठते हैं। उन्हें और कुछ तो मिलता नहीं, टेबुल पर रखा घड़ीनुमा टी.वी. उठाकर ज़मीन पर यानी क़ालीन पर पटक देते हैं।

''यस, प्लीज़।''

''ट्राइब्स मीन्स। कहाँ के, किस तरह के ट्राइब्स?''

लड़की का क्लोज़अप आता है।

''मध्य प्रदेश, एम.पी. के ट्राइब्स।'' हिलाल के मुँह से लार चूने लगती है।

''एम.पी. के ट्राइब्स या ट्राइब्स के एम.पी.?''

लड़की मुस्कराती है। इशारा करती है। हिलाल अपने कम्प्यूटर की ओर देखते हैं। उसके स्क्रीन पर एक सीन होता है–एक आदिवासी लड़की के साथ एक नेता सम्भोगरत है।

''नो, निय।''

हिलाल चीख़ते हैं।

''फिर इंटरनेट खोलें।'' लड़की बोलती है और अपना जाँघिया खोल देती है।

''व व व यानी डब्लू. डब्लू. डब्लू. वन वन सेवेन सेवेन एट नाइन टेन वग़ैरह डायल करो...।''

लड़की धराशायी हो जाती है। हिलाल बिन अब्दुल बिस्मिल्लाह समझ जाते हैं। वे इंटरनेट से उलझते हैं और पूरी तरह एक भयंकर नेट में फँस जाते हैं।

कहानी, स्टोरी, शॉर्ट स्टोरी, फिक्शन, ट्राइब्स, ट्राइब्स ऑफ एम.पी., ट्राइब्स ऑफ एम.पी. इन इंडिया, हंसा, क्रिटिक्स, लोगा, तदेउषा, हिलाला, अब्दुला...आदि न जाने कितने और किस तरह के शब्द उभरे, मिटे। मिटे, उभरे, उभरे फिर मिटे। मगर अन्ततः जो प्रकट हुआ, वह इस कहानी का शीर्षक था। यानी 000798-897111-05 डायल करें।

समकालीन सृजन, 2047 का भारत विशेषांक

कुछ आपबीती, कुछ सपना और कुछ कल्पना

सोचता हूँ आज एक ऐसी कहानी आप लोगों को सुनाऊँ जिसका एक सिरा पूरब में हो तो दूसरा उत्तर में और तीसरा अगर पश्चिम या दक्षिण में हो तो चौथा कहीं और। हालाँकि यह बात मैं भी जानता हूँ और आप भी कि दुनिया अगर सचमुच गोल है तो इस प्रकार के सारे सिरे अन्ततः कहीं न कहीं एक दूसरे से ज़रूर मिल जाते होंगे।

तो सज्जनो! आज मैं आप लोगों को तीन चीज़ें एक साथ सुनाऊँगा। एक है मेरी आपबीती, दूसरा है मेरा सपना और तीसरी है मेरी कल्पना।

मुझे सन्देह है कि आपबीती में किसी को कोई दिलचस्पी होगी भी या नहीं, लेकिन यह सोचकर कि इसे सुनकर आपने 'नेकी कर और दरिया में डाल' नामक मुहावरे को चरितार्थ करने के अलावा और कुछ नहीं किया है, कृपया सुन ही लीजिए!

मेरी आपबीती

कुछ वर्षों क्या अभी कुछ दिन पहले तक रात के दस बजते-बजते मुझे ऐसी नींद आने लगती कि बरबस आँखें मुंदी चली जातीं और बिस्तर पर लेटते ही मेरी वही दशा होती, जैसी कि कहावत है-सोया मुसलमान! फिर चाहे कमरे में चूहों की मैराथन हो रही हो या बिल्ली के भाग्य से घर का छींका टूट रहा हो, मेरी आँखें चार बजे भोर से पहले नहीं खुलती थीं। भई, क्या नींद थी वो? चाहे मुहल्ले का दुकानदार ख़ून चूसे और चाहे चारपाई का खटमल, रातों की नींद पर उसका रत्तीभर भी असर नहीं पड़ता था।

मगर अब मुझे नींद नहीं आती। क्यों नहीं आती, जानते हैं? आप ग़लतफ़हमी में न पड़ें, न तो मुझे अपनी मृत्यु की चिन्ता है और न ही देश-दुनिया की। मुझे कोई बीमारी भी नहीं है। कारण बस इतना सा है कि जिस कमरे में मैं सोता हूँ उसी में एक मक्खी और एक मच्छर का निवास है।

क्षमा कीजिएगा, जिस देश में चेचक, मलेरिया और इन जैसी अनेक महामारियों का उन्मूलन हो चुका हो वहाँ मक्खी और मच्छर के होने की बात न सिर्फ़ अविश्वसनीय बल्कि हास्यास्पद भी है। पर मुझे ऐसा लगता है कि मेरे कमरे में रहनेवाले ये ख़तरनाक जीव उन्मूलन के दौरान निश्चय ही भूमिगत हो गए होंगे और जब उन्होंने देखा कि देश में ज़रा अमन-चैन कायम हो गया है, लोगों का ध्यान बड़ी-बड़ी समस्याओं में उलझा हुआ है और कीड़े-मकोड़ों के उत्पात को तो उत्पात अब माना ही नहीं जाता, तो ये निर्द्वंद्व भाव से बाहर निकल आए और अपनी भूली-बिसरी संगीत विद्या का रियाज़ करने लगे।

मैं जैसे ही बत्ती बुझाकर बिस्तर पर लेटता हूँ, उनका रियाज़ आरम्भ हो जाता है। भन्न-भुन्न। भन्न-भुन्न। भन् भन् भन् भन्। भुन्न भुन्न भुन्न...अब अपनी कमज़ोरी मैं क्या कहूँ? कजरी-बिरहा का सुनवइया, शास्त्रीय संगीत का भला क्या रस लेता? भन भन भुन भुन से तबियत झल्ला उठी और चाहा कि मुँह ढँककर सो रहूँ। मगर चादर के भीतर मुँह करते ही लगा मानो किसी सन्दूक में बन्द हो गया होऊँ। दम घुटने लगा, साँस रुकने लगी। ऐसा लगा कि प्राण निकल जाएँगे और झट से चादर उलट दी।

मगर फिर वही रियाज़...

रातभर यही होता रहा। मुँह कभी चादर के भीतर और कभी चादर के बाहर। भीतर घुटन और बाहर बेचैनी...

आख़िर नींद आई तो एकदम से पिछले पहर में, जबकि संसार के निकृष्ट जीव-जन्तु भी भली प्रकार सोकर जाग उठते हैं।

और पिछले पहर की उस नींद में मैंने एक सपना देखा। अब उस सपने का हाल सुनिए-

मेरा सपना

देखता क्या हूँ कि जाड़े की रात है और दिल्ली के एक बस स्टॉप पर कोई सौम्य पुरुष विचारमग्न खड़ा है। सामने सड़क पर एक किताब पड़ी हुई है, जिसे वह एकटक घूर रहा है। थोड़ी देर बाद, इधर-उधर निगाहें घुमाकर सौम्य पुरुष मानो स्वयं को आश्वस्त करता है, फिर उस किताब के पास जाकर बैठ जाता है। वह अपना एक हाथ भी उसकी ओर बढ़ाता है, मगर किसी की आहट पाकर हाथ खींच लेता है और घबराकर खड़ा हो जाता है।

"चलिए, लाजपत नगर तक पैदल चलते हैं। वहाँ से कोई न कोई बस मिल जाएगी।"

मैं उसके पास पहुँचकर कहता हूँ तो पहले वह चौंकता है, फिर मुस्कराते हुए चल पड़ता है। लोकिन बस स्टॉप से हटने के पूर्व एक नज़र उस किताब पर डालना वह नहीं भूलता।

"आप कौन हैं?"

रास्ते में चलते हुए मैं पूछता हूँ तो सौम्य पुरुष थोड़ा-सा ठिठकता है फिर बताता है–

"मैं एक आलोचक हूँ। और तुम?"

"मैं एक लेखक हूँ।"

"अच्छा!"

वह आश्चर्य करता है। मेरी ओर घूरकर देखता है। फिर तेज़-तेज़ चलने लगता है।

"उस किताब के बारे में आपका क्या विचार है? वही, जो सड़क पर पड़ी थी।"

मैं उसे कोंचता हूँ। सोचता हूँ, सौम्य पुरुष पुनः ठिठकेगा, मगर वह अपनी रफ़्तार चलता रहता है।

"मैं नहीं जानता, वह किताब किसकी थी? यानी उसका लेखक कौन था और वह कैसी किताब थी? मैं उसे उठाकर अपने साथ ले जाना चाहता था! मगर..."

"मगर बाधा क्या थी?"

"बाधा तो कुछ नहीं थी, पर ऐसा करना मेरे लिए उचित नहीं था। मैं किताब उठाता तो कोई न कोई ऐसा करते हुए मुझे देखता ज़रूर। और कोई नहीं तो तुम्हीं देख लेते। फिर अगर मैं किताब को न पढ़ता तो प्रचारित यही होता कि आलोचक किताब को पढ़ता ही नहीं। और अगर पढ़ने की कोशिश करता, तो मुझ पर न जाने क्या गुज़रती?"

"मतलब?"

"मतलब यह कि मान लो वह कोई घटिया रचना होती तो उसे पढ़ना मेरे लिए नरक में जीने के अलावा और क्या होता?"

"ओह! आप शायद ठीक ही कहते हैं।"

"ठीक तो मैं कह ही रहा हूँ। मगर यह बताओ, तुम तो लेखक हो, तुमने वह किताब क्यों नहीं उठा ली?"

अब सौम्य पुरुष मुझे कोंचने पर उतारू था। सो, मैंने भी उसी के अन्दाज़ में उत्तर देना लाज़िमी समझा। बोला, "मन तो मेरा भी हो रहा था कि किताब उठा लूँ और साथ लेता जाऊँ। मगर एक बाधा मेरे सामने भी थी!"

"क्या?"

"मैं उस समय यह तय नहीं कर पाया कि सड़क पर पड़ी हुई किसी लावारिस किताब पर पहला अधिकार आलोचक का होता है या लेखक का?"

"यानी तुम समझ गए थे कि मैं आलोचक हूँ?"

"जी, लेखक लोग तो आलोचकों को पहचान ही लेते हैं, वो तो आलोचक हैं, जो...।"

और, मेरा इतना बोलना था कि सौम्य पुरुष की जीभ बाहर निकल आई और उसकी नोक से गरम-गरम गाढ़ी बूँद-सी कुछ टपकने लगी। मैं डर के मारे काँपने लगा और मेरी चीख़ निकल गई।

चीख़ते ही मेरी नींद टूट गई। और मैंने देखा, सामने मेरे पिताजी अपनी लाल-लाल आँखें निकाले खड़े थे। उनकी शक्ल स्वप्न में देखे हुए उस सौम्य पुरुष से बहुत मिल रही थी और वे मुझे उसी प्रकार घूर रहे थे जैसे सपने में सौम्य पुरुष सड़क पर पड़ी हुई उस किताब को घूर रहा था।

ख़ैर...देर से सोकर उठने के लिए मैंने पिताजी से क्षमा माँगी और अपने दैनिक कार्यों में व्यस्त हो गया। मगर उस रोज़ मैंने एक ज़बर्दस्त कल्पना की, जिसे आप लोगों के मनोरंजन के लिए यहाँ प्रस्तुत कर रहा हूँ–

मेरी कल्पना

इसे आप मेरी कल्पना समझें अथवा दिवास्वप्न, परन्तु इसमें आपको घटनाएँ भी मिलेंगी और पात्र भी। यानी कहानी का पूरा मसाला यहाँ भी मौजूद है।

हाँ, तो मैंने कल्पना की कि किसी स्थान पर प्रधानमंत्री जी को पहुँचना है और ज़ोर-शोर के साथ उनके स्वागत की तैयारी हो रही है। स्थान, ज़ाहिर है कि ग़रीबों की कोई बस्ती है और प्रधानमंत्री जी वहाँ ग़रीबों की दुर्दशा का जायज़ा लेने के वास्ते पहुँच रहे हैं। उन्हें वहाँ के पंचायत भवन में दस मिनट ठहरना है। सो, बस्ती की वह सड़क, जो पंचायत भवन तक पहुँचती है, साफ़ कर दी गई है। इर्द-गिर्द के घर इसलिए ख़ाली करा दिए गए हैं ताकि प्रधानमंत्री जी के सम्मुख अचानक कोई अशोभनीय दृश्य न उपस्थित हो जाए। सड़क के दोनों ओर पुलिसवाले और पार्टी के स्वयंसेवक जन खड़े हैं। एक निश्चित दूरी तक कोई भी सामान्य व्यक्ति फटक तक नहीं सकता था। सामान्य व्यक्तियों में कोई सन्दिग्ध व्यक्ति भी तो हो सकता है।

लेकिन अचानक होता क्या है कि आसमान में उड़नेवाला कोई बदतमीज़ पक्षी बस्ती की उस साफ़-शफ़्फ़ाफ़ सड़क पर किसी क़साईखाने से उड़ाया गया

गोश्त का एक गन्दा-सा टुकड़ा गिरा देता है। उसे देखते ही पुलिसवालों और स्वयंसेवकों में हलचल मच जाती है। लोग एक-दूसरे को निर्देश देने लग जाते हैं कि उस गन्दे लोथड़े को मार्ग से हटाया जाए और वहाँ फ़ौरन चूने का बूरा छिड़का जाए।

मगर ज़ाहिर है कि सफ़ाई तो सफ़ाई का काम करनेवाला व्यक्ति ही करेगा। सो, लोग उस व्यक्ति की तलाश में निकल पड़ते हैं। निश्चय ही सफ़ाई का काम करनेवाला व्यक्ति उस बस्ती के छोर पर आसानी से मिल जाता है, मगर वह एक पाँव से लँगड़ा है। लँगड़ा होने के कारण उसका नाम ही लंगड़ पड़ गया है। लंगड़ को जब उद्देश्य का पता चलता है तो वह फूला नहीं समाता। भला इसी बहाने प्रधानमंत्री जी का दर्शन करने को मिल जाए। वह स्वयंसेवकों के पीछे चल देता है। मगर स्वयंसेवक इतनी जल्दी में हैं कि अपने स्थान पर वे कब पहुँच जाते हैं, उन्हें पता ही नहीं चलता और बेचारा लंगड़ पिछड़ जाता है। नतीजा यह होता है कि जैसे ही वह निषिद्ध क्षेत्र के मुहाने पर पहुँचता है, पुलिसवाले उसे रोक देते हैं। वह गिड़गिड़ाता है और अपना उद्देश्य बताता है तो उसे वे सन्दिग्ध व्यक्ति समझ बैठते हैं और गिरफ़्तार कर लेते हैं।

अब मैं आगे यह कल्पना करने ही वाला था कि प्रधानमंत्री जी की गाड़ी सड़क पर पड़ी हुई उस गन्दी चीज़ के पास पहुँचती है, तो क्या होता है, कि अचानक मेरी पत्नी मेरी माँ की शिकायत करती हुई वहाँ पहुँच जाती है और मेरी कल्पना के पंख झुलसकर चिंगुड़ जाते हैं। मैं चादर ओढ़कर लेट जाता हूँ। शाम तो हो ही गई थी, रात होने का इन्तज़ार करने लगता हूँ।

अब मेरे सामने एक सवाल है–

चादर के भीतर घुटन और बाहर की बेचैनी के बीच फँसी हुई मेरी नींद, आलोचक और लेखक की स्वकल्पित बाधाओं से ग्रस्त सड़क पर पड़ी हुई किताब और लंगड़ की सदाशयता तथा पुलिसकर्मियों की कर्तव्य भावना के द्वन्द्व में उलझकर प्रधानमंत्री जी के मार्ग से न साफ़ हो जानेवाले उस गन्दे लोथड़े में से किसकी स्थिति अधिक दयनीय है?

वर्तमान साहित्य, जून 1992

कैलेंडर

अनीस को एक कैलेंडर की ज़रूरत थी।

कैलेंडर तारीख़ देखने के काम आता था। इसके अलावा, जिस तारीख़ को उसे कोई बहुत ज़रूरी काम होता था उस पर वह गोल घेरा बना लेता था और घेरे के अन्दर संक्षेप में काम भी लिख देता था। कैलेंडर से उसे छुट्टियों का पता भी चल जाता था। यदि कोई छुट्टी गुरुवार या मंगलवार को होती तो वह शुक्रवार सा सोमवार की छुट्टी मारकर तीन-चार दिनों के लिए गाँव निकल जाता था। बस, यही सब छोटे-छोटे काम थे, जिनके लिए उसे कैलेंडर की ज़रूरत थी।

बचपन में, जब उसके पिताजी जीवित थे, दिसम्बर के अन्त में बाज़ार से वे एक कैलेंडर ख़रीदकर ले आया करते थे। नए साल का वह कैलेंडर जनवरी की पहली तारीख़ को दीवार पर टाँग दिया जाता था। पुराना कैलेंडर प्रायः हटाया नहीं जाता था। वह नए कैलेंडर के पीछे ही दुबका रहता था और दाएँ-बाएँ से अपने पीले-पीले हाथ दिखाता रहता था। मानो कह रहा हो कि अगर पिछले साल का कुछ देखना हो तो मैं हाज़िर हूँ। पिताजी जो कैलेंडर लाते थे उसकी क़ीमत तो नहीं मालूम, लेकिन वह सिर्फ़ कैलेंडर होता था। उस पर कोई तस्वीर नहीं होती थी। हर पृष्ठ पर सिर्फ़ महीने का नाम होता था और दिन तारीख़। हाँ, ईसवी सन् के अतिरिक्त उसमें फ़सली, विक्रम तथा शक-संवत् आदि भी लिखे होते थे। हिजरी सन् भी होता था। तारीख़ वाले ख़ानों में भारतीय तिथियाँ भी होती थीं। कृष्ण पक्ष की जानकारियाँ भी लिखी होती थीं। चन्द्रोदय के बाद से अरबी मास की तिथियाँ भी दर्ज होती थीं। बड़े-बड़े पर्वों की सूचना तारीख़ वाले ख़ानों में ही होती थीं, मगर छोटे-छोटे तीज-त्योहारों की सूची अलग से उसी पृष्ठ पर दी गई होती। कैलेंडर की बाईं ओर दूध का हिसाब लिखने की जगह होती थी और दाईं ओर समाचार-पत्र का। उसके लिए वे जगहें बेकार हुआ करती थीं। क्योंकि घर में न तो दूध ख़रीदा जाता था और न ही अख़बार आता था। गाँव में अख़बार कहाँ से आता और दूध के लिए घर में एक गाय पली थी,

जिसका नाम अनीस ने नन्दिनी रख रखा था। वह लगभग सेर भर दूध दिया करती थी। घर का काम उससे चल जाता था।

कैलेंडर के पिछले पृष्ठ ख़ाली नहीं होते थे। उन पर पंचांग सम्बन्धी विविध प्रकार की जानकारियाँ होती थीं। उनमें स्वप्न-फल भी होते थे और ग्रहों के उत्पात से बचने की विधियाँ भी बताई गई होती थीं। लेकिन अनीस के लिए सबसे रोचक चीज़ थी श्रीरामशलाका प्रश्नावली। इस प्रश्नावली का स्वरूप कुछ इस प्रकार का होता था कि पन्द्रह अक्षर विभिन्न ख़ानों में सीधे-सीधे लिखे होते थे और पन्द्रह ही अक्षर खड़े-खड़े होते थे। और उनकी कुल संख्या 225 होती थी।

चार्ट के नीचे निर्देश लिखा होता था : इस रामशलाका प्रश्नावली के द्वारा जिस किसी को जब कभी अपने अन्दर अभीष्ट प्रश्न का उत्तर प्राप्त करने की इच्छा हो तो सर्वप्रथम उस व्यक्ति को भगवान श्रीरामचन्द्र जी का ध्यान करना चाहिए। तदनन्तर श्रद्धा-विश्वासपूर्वक मन से अभीष्ट प्रश्न का चिन्तन करते हुए प्रश्नावली के मनचाहे कोष्ठक में अँगुली या कोई शलाका रख देनी चाहिए और उस कोष्ठक में जो अक्षर हो, उसे अलग किसी कोरे काग़ज़ या स्लेट पर लिख लेना चाहिए...अब जिस कोष्ठक का अक्षर लिख लिया गया है, उससे आगे बढ़ना चाहिए तथा उसके नौवें कोष्ठक में जो अक्षर पड़े उसे भी लिख लेना चाहिए। इस प्रकार प्रति नवें अक्षर से अगले नवें अक्षर को क्रम से लिखते जाना चाहिए...यह क्रम पहले अक्षर तक जब पहुँचेगा तो एक चौपाई पूरी हो जाएगी, जो प्रश्नकर्ता के अभीष्ट प्रश्न का उत्तर होगी।

इसके बाद कुछ उदाहरण भी दिए होते थे, जैसे-यदि किसी ने पहले ही अक्षर 'सु' पर शलाका रखी तो नवाँ अक्षर आएगा 'नु' और चौपाई बनेगी।

सुनु सिय सत्य असीस हमारी।
पूजिहि मन कामना तुम्हारी।।

इसका फल होगा : प्रश्नकर्ता का प्रश्न उत्तम है, कार्य सिद्ध होगा। लेकिन यदि किसी ने 'म' अक्षर पर अँगुली या शलाका रख दी तो चौपाई बनेगी-

होइहै सोइ जो राम रचि रखा।
को करि तरक बढ़ावहिं साखा।।

अर्थात् कार्य सिद्ध होने में सन्देह है, अतः उसे भगवान राम पर छोड़ देना श्रेयस्कर है।

अनीस को इस खेल में बड़ा मज़ा आता था। वह प्रायः अपने दोस्तों के साथ यह खेल खेला करता था और उनके प्रश्नों के उत्तर बताता था। उत्तर वह कैसे

निकालता था, इसका भेद किसी को नहीं बताता था। गाँव के अन्य बच्चे न तो पढ़े-लिखे थे और न ही उनके यहाँ कैलेंडर होता था, अत: वे अनीस के इस रहस्य भरे खेल को देख-देखकर चमत्कृत होते रहते थे। धीरे-धीरे अनीस को पता चल गया कि किस अक्षर पर अँगुली रखने से कौन-सी चौपाई बनती है और उसका क्या फल होता है? अत: अपने प्रश्न का फल जानने के लिए वह स्वयं उसी अक्षर पर अँगुली रखता था, जिसका उत्तर सकारात्मक आए। मगर व्यवहार में कभी-कभी नकारात्मक भी होते थे।

गाँव की पढ़ाई पूरी करने के बाद अनीस शहर चला गया। कैलेंडर की ज़रूरत उसे वहाँ भी महसूस हुई, मगर बाज़ार से कैलेंडर ख़रीदकर लानेवाले पिताजी वहाँ नहीं थे। इसलिए पहली बार नया साल आने पर अपने लिए उसने स्वयं कैलेंडर ख़रीदा। बाज़ार में तरह-तरह के कैलेंडर थे। अब वह बड़ा हो गया था और किराए का एक कमरा लेकर रहता था। इसलिए वह आज़ाद था। अब वह किसी भी तरह का कैलेंडर ख़रीद सकता था। वैसे भी, उम्र के साथ-साथ उसकी रुचियाँ बदलने लगी थीं। 'दूध का हिसाब' और 'रामशलाका प्रश्नावली' वाले कैलेंडर उसे बोरिंग लगते थे। प्राकृतिक दृश्यों में उसका मन अधिक रमता था। मगर बाज़ार तो बाज़ार था। बाज़ार में फ़िल्मी हीरोइनों वाले कैलेंडर बहुत लोकप्रिय थे। इसके अलावा अन्य सुन्दर स्त्रियों वाले कैलेंडर भी ख़ूब बिकते थे। धार्मिक कैलेंडरों की भरमार थी। ताजमहल और खजुराहो की मूर्तियों वाले कैलेंडर भी थे, पर महँगे। बड़ी मुश्किल से उसे एक ऐसा कैलेंडर मिला, जिसमें नदी किनारे बनी झोंपड़ी, पेड़ पर बैठी चिड़िया और डूबते हुए सूरज जैसी तस्वीरें थीं। उसने वह कैलेंडर ख़रीद लिया।

कुछ अरसे बाद अनीस दूसरे शहर चला गया। नया साल आने पर वहाँ भी उसे कैलेंडर की ज़रूरत महसूस हुई। मगर इस बार उसे कैलेंडर ख़रीदना नहीं पड़ा। जनवरी के पहले ही सप्ताह में उसके एक सहपाठी ने उसे कैलेंडर थमा दिया। बोला, ''मेरे पिताजी जहाँ काम करते हैं वहाँ से यह मिला है। कम्पनी ने अपने हर कर्मचारी को दस-दस कैलेंडर दिए हैं।''

कैलेंडर के हर पृष्ठ पर कम्पनी में बननेवाली वस्तुओं के विज्ञापन थे। मगर साथ ही सुन्दर-सुन्दर चित्र भी थे। अनीस को कैलेंडर पसन्द आया। फिर एक दिन एक लड़की भी उसे एक कैलेंडर दे गई। साथ में नए साल की डायरी भी। बोली, ''मेरे चाचा जी को फैक्टरी से उपहारस्वरूप यह सब मिला है। मिली तो

घड़ियाँ भी थीं, मगर वे आस-पड़ोस में ही बँट गईं।''

अर्थात् अब उपहारों का ज़माना आ गया था। अनीस को अब कैलेंडर ख़रीदना नहीं पड़ता था। दिसम्बर आते-आते कैलेंडर मिलने लगते। डायरियाँ भी। कई बार इतने कैलेंडर मिलते कि उसका पूरा कमरा कैलेंडरों से भर जाता। कुछ कैलेंडर और डायरियाँ तो वह अपने दोस्तों को दे देता। एब बार उसे एक ऐसा कैलेंडर मिला, जिसे शराब बनानेवाली किसी कम्पनी ने जारी किया था। उसके हर पृष्ठ पर शराब की ख़ूबसूरत बोतलों के चित्र थे और नीचे उर्दू का कोई शेर लिखा हुआ था। शराब से अनीस को क्या लेना-देना था, पर उर्दू के वे शेर उसे इतने भाये कि कैलेंडर उसने रख लिया। एक कैलेंडर ऐसा भी मिला जिस पर एक ऐसी स्त्री का चित्र छपा था, जिसके नाख़ून बढ़े हुए नहीं थे और उन पर नेलपॉलिश भी नहीं लगा हुआ था। उस कैलेंडर को उसने अपनी टेबुल के ठीक सामने टाँगा। बढ़े हुए नाख़ूनोंवाली लड़कियाँ उसे नापसन्द थीं।

ज़माना बहुत तेज़ी के साथ बदल रहा था। पहले दिसम्बर आते-आते लगता कि नया साल आ गया, मगर अब ऐसा महसूस होता कि इस बीच कई साल गुज़र चुके हैं, हम कई पुराने साल देख चुके हैं। उपहार में अब कैलेंडर मिलने बन्द हो गए थे। डायरियाँ भी नदारद हो गई थीं। कोई-कोई अख़बार 31 दिसम्बर के अंक में कैलेंडर छाप देता तो अनीस उसी को काटकर अपनी दीवार पर चिपका लेता और उसी से अपना काम चला लेता। लेकिन धीरे-धीरे वह सिलसिला भी कम हो गया।

अनीस को चिन्ता हुई। दरअसल, इस बीच उसका शहर फिर बदल गया था और अब वह एक छोटी-सी नौकरी करने लगा था। उसके कार्यालय में तरह-तरह के लोग थे जो कैंटीन में चाय पीते हुए डींगें हाँका करते थे कि मेरा एक दोस्त अमुक फर्म में मैनेजर है, मेरे मामा अमुक कम्पनी के डायरेक्टर हैं, मेरे फूफा अमुक फैक्टरी के मालिक हैं...आदि-आदि। मगर नए साल पर अब उसे कोई कैलेंडर लाकर नहीं देता था।

एक रोज़ वह बहुत उदास था। फरवरी बीत गई थी और अभी तक उसे कोई कैलेंडर नहीं मिला था। वह कैंटीन की एक टेबुल पर बैठा चाय पी रहा था। तभी उसका दोस्त रमेश वहाँ आ गया। रमेश उसके ठीक सामने बैठ गया। वह भी चाय पीने लगा। रमेश ने अनीस की उदासी का कारण पूछा तो अनीस ने कैलेंडर वाली बात उसे बताई। रमेश हँस पड़ा और बोला, ''तुम किस दुनिया में रहते हो? ज़माना कितनी तेज़ी से बदल रहा है, तुम्हें पता भी है! लोग अब उपहार में कैलेंडर और डायरियाँ नहीं देते, समझे। उपहारों की प्राथमिकताएँ बदल गई हैं,

इसलिए उनका स्तर भी ऊँचा उठ गया है।''

''प्राथमिकताएँ!'' अनीस चौंका।

''हाँ, प्राथमिकताएँ,'' रमेश ने चाय की चुस्की लेते हुए कहा, ''पहले लोग कैलेंडर और डायरियाँ वग़ैरह यूँ ही दे दिया करते थे। दोस्ती में, लोगों को ख़ुश करने के लिए, या फिर अपने किसी माल के प्रचार के लिए...''

''मगर अब तो बाज़ार में कैलेंडर नहीं मिलते।'' अनीस के स्वर में निराशा थी, ''अख़बारों तक ने अपने अन्तिम पृष्ठ पर कैलेंडर छापना बन्द कर दिया है।''

''अख़बारों की तो बात ही मत करो। जब कला और संस्कृति तक के लिए उसमें स्थान नहीं तो कैलेंडर की भला क्या ज़रूरत है? रही बात बाज़ार की, तो बाज़ार में सब मिलता है। बस, वहाँ तक पहुँच होनी चाहिए। वैसे बाज़ार में कैलेंडर उपलब्ध हैं, मगर तुम्हारी शायद आदत पड़ गई है उपहार में कैलेंडर पाने की!'' रमेश हँसा।

''हाँ यार, ये शर्मा जी, रावत साहब, बरनवाल जी बड़ी-बड़ी डींगें हाँकते हैं। अपने मामाओं, फूफाओं वग़ैरह की फैक्टरियों और फर्मों की...ये क्या एक-एक कैलेंडर लाकर अपने सहयोगियों को नहीं दे सकते...''

''यार अनीस, ज़माना बहुत बदल गया है। लोग अब उपहार में कैलेंडर और डायरियाँ नहीं देते। अब देते हैं-टी.वी., फ्रिज़, साउंड सिस्टम, लैपटॉप...कारें तक दी जाती हैं उपहार में। पहले एक्साइज़ अफ़सर अपना ट्रांसफर रुकवाने के लिए शराब की बोतल देता था, अब कार देता है। पिछले दिवाली में मेरे पड़ोस के घर में एक टी.वी. सेट आया उपहार के कवर में। समझे!''

''तो फिर कैलेंडर...।''

''छोड़ न यार,'' रमेश ने उठते हुए कहा, ''तुम्हें कैलेंडर की ज़रूरत है तो वह मिल जाएगा। बस।''

अनीस भी उठ गया और दोनों कैंटीन से बाहर निकल आए।

समय और बदला। अब कोई कैलेंडर की बात नहीं करता था। पहले हाथों में पहनी जानेवाली ऐसी घड़ियाँ आईं, जिनमें दिन भी होते थे और तारीख़ें भी। फिर समय ने और छलाँग लगाई। सेलुलर फ़ोन का युग प्रारम्भ हो गया। छोटे-छोटे खिलौने जैसे दिखनेवाले उन मोबाइल फ़ोनों में भी कैलेंडर होने लगे। लेकिन कैलेंडर का महत्त्व कम नहीं हुआ। फैशन डिज़ाइन से सम्बन्धित टी.वी. चैनलों ने कम्प्यूटर में डाउनलोड करने के लिए क्रान्तिकारी कैलेंडर तैयार किए। एक चैनल ने तो एक ऐसा कैलेंडर तैयार किया जिसके हर महीने के पृष्ठ पर संसार की ख़ूबसूरत से ख़ूबसूरत मॉडल का न्यूड अंकित था। लेकिन अनीस को अब

भी एक कैलेंडर की ज़रूरत थी। ऐसे कैलेंडर की, जिसे वह अपने कमरे की दीवार पर टाँग सके।

अब आप सोच रहे होंगे कि अनीस की उम्र कितनी होगी। जिस अनीस ने दूध के हिसाब और रामशलाका प्रश्नावली से लेकर कम्प्यूटराइज्ड कैलेंडर तक का युग देखा होगा, वह तो अब बूढ़ा हो चुका होगा। लेकिन नहीं, इस कहानी का अनीस एक बार फिर विद्यार्थी हो गया है। वह वास्तविक दुनिया से निकलकर फ़िक्शन में पहुँच गया है। दुनिया वही है, यानी इक्कीसवीं सदी। लेकिन अनीस वहीं पर है, यानी बीसवीं सदी के उत्तरार्द्ध में कहीं! वह एम.ए. का छात्र है और एक शहर में किराए का एक कमरा लेकर रह रहा है। उसका कमरा नीचे है, ग्राउंड फ्लोर पर। ऊपर जनाब बारी साहब रहते हैं। बारी साहब टॉर्च बनानेवाली एक फैक्टरी में इंजीनियर हैं। वे भी किराए पर हैं। वन बेडरूम सेट है उनका। वे हैं, उनकी पत्नी है और एक नौकरानी। नौकरानी का नाम है–गुलनाज़। उनके फ़्लैट में कोई बालकनी नहीं है, इसलिए अख़बारवाला उनका अख़बार भी अनीस के कमरे में, दरवाज़े की झिरी से डाल जाता है। अनीस हिन्दी का अख़बार मँगाते हैं और बारी साहब अंग्रेज़ी का। अनीस अंग्रेज़ी समझ लेता है, इसलिए पहले उसी अख़बार को पढ़ता है। बाद में गुलनाज़ उसे ले जाती है। गुलनाज़ की उम्र यही कोई तेरह–चौदह साल है। गन्दुमी रंग, सुतवाँ नाक, बड़ी–बड़ी जामुन जैसी काली आँखें। झुककर अख़बार लेती है तो उसका आधा–अधूरा–सा सौन्दर्य अनीस की आँखों में भर जाता है।

जनवरी का महीना आता है और अनीस की चिन्ता शुरू हो जाती है। उसे एक कैलेंडर की ज़रूरत है। कैलेंडर ऐसा, जिसे वह अपने कमरे की दीवार पर टाँग सके।

"अरे यार," वही रमेश जो उसका सहकर्मी हुआ करता था, अब सहपाठी था, एक रोज़ अत्यन्त उत्साह के साथ बोला, "वो जो कृष्णा स्टेशनरीज़ का मालिक है न, दो सौ रुपए तक की ख़रीदारी पर एक कैलेंडर फ्री में देता है। ऐसा करते हैं, हम–तुम साथ चलते हैं। कुछ कॉपी, क़लम वग़ैरह ख़रीदेंगे और एक कैलेंडर झटक लेंगे।"

"मगर एक कैलेंडर से क्या होगा? क्या तुम्हें कैलेंडर की ज़रूरत नहीं है?" अनीस ने बुझे स्वर से पूछा।

"नहीं, मुझे कैलेंडर की ज़रूरत नहीं है। मैं मिस्टर इंडिया फ़िल्म का किरदार हूँ। यानी साक्षात कैलेंडर। बस। अब तो ख़ुश।"

और बात पक्की हो गई।

उस सुबह अनीस ने जल्दी-जल्दी अंग्रेज़ी का अख़बार पढ़कर ख़त्म किया और हिन्दी का अख़बार देखने लगा। बीच-बीच में वह दरवाज़े की तरफ़ भी देख लेता था, इस आशा में कि गुलनाज़ आती होगी। मगर आश्चर्य, उस रोज़ साक्षात् बारी साहब प्रकट हुए। खादी भंडार का मोटा ऊनी गाउन पहने हुए। अनीस अपनी पुरानी रज़ाई से बाहर निकला और अंग्रेज़ी का अख़बार उसने बारी साहब के हाथों में थमा दिया। लेकिन बारी साहब कमरे से गए नहीं, अनीस के बँसखट पर बैठ गए। बोले-

"मैं आपकी एक मदद करना चाहता हूँ।"

"मदद?" अनीस हकलाया, "कैसी मदद?"

"मेरा एक मामूज़ाद भाई है, अनवर। अपनी फैक्टरी में मैंने उसे नौकरी दिलवा दी है। आठ-दस दिनों से मेरे ही फ़्लैट में पड़ा हुआ है। हमें बड़ी दिक़्क़त हो रही है। बीवी कहती हैं, इनके रहने का कहीं अलग बन्दोबस्त कर दीजिए। कल गुलनाज़ से उसका कुछ झगड़ा भी हो गया। गुलनाज़ मेरी बीवी के गाँव की लड़की है। सो, वो भी ख़फ़ा हैं। ख़ैर, मैंने उससे अपना अलग इन्तज़ाम करने के लिए कह दिया है, मगर आप जानते हैं कि इस शहर में किराए का कमरा मिलना आसान नहीं है। अगर आप कुछ दिनों तक उसे अपने साथ रख लें तो आपका बड़ा अहसान होगा। इसमें आपका भी फ़ायदा है, कमरे का आधा किराया वह दे दिया करेगा। फिर जैसे ही उसे कोई कमरा मिल जाएगा, वह चला जाएगा।" अनीस ने बारी साहब का प्रस्ताव स्वीकार कर लिया। उसने यह नहीं पूछा कि गुलनाज़ से अनवर मियाँ का झगड़ा क्यों हुआ था?

अनवर मियाँ अपना बोरिया-बिस्तर लेकर अनीस के कमरे में आ जमे।

उसी शाम उस कमरे में एक बँसखट और आ गई। इस प्रकार उसमें अब दो लोग रहने लगे-अनीस और अनवर।

अनीस, कमरे में ही कोयले की अँगीठी पर अपना खाना ख़ुद पकाता। अनवर होटल में खाया करता। अनीस सुबह दस बजे के आसपास यूनिवर्सिटी जाता और शाम तक लौटता। अनवर की ड्यूटी का टाइम बदलता रहता था। कभी डे शिफ़्ट तो कभी नाइट शिफ़्ट। अनवर की जब नाइट शिफ़्ट ड्यूटी होती तो अनीस को परेशानी होती थी। उसे रात में नींद से जागकर कमरे का दरवाज़ा खोलना पड़ता था। अनवर अक्सर रात को एक बजे के बाद लौटता था। तब तक दुनिया की तारीख़ बदल चुकी होती थी।

अब अनीस को कृष्णा स्टेशनरीज़ के यहाँ से एक कैलेंडर मिल चुका था। वह सिर्फ़ एक पृष्ठ का कैलेंडर था, जिस पर ऊपर बाँसुरी बजाते हुए श्रीकृष्ण की तस्वीर

छपी थी और नीचे छोटे-छोटे हरूफ़ में जनवरी से लेकर दिसम्बर तक यानी बारहों महीनों की तारीख़ें दी गई थीं। रविवार की तारीख़ें लाल रंग में थीं और त्योहारों की तारीख़ें नीले रंग में। श्रीकृष्ण जी का जो चित्र बनाया गया था वह अनीस के उस छोटे भाई के चेहरे से मिलता-जुलता था जो एक वर्ष की उम्र में ही ख़ुदा को प्यारा हो गया था। अनीस ने उस कैलेंडर को कमरे की दीवार पर लगी हुई एकमात्र कील पर टाँग दिया।

अब कथा को देखिए और कथा की धार को देखिए। एक रोज़ क्या होता है कि अनीस जब यूनिवर्सिटी से शाम को कमरे पर लौटता है तो क्या देखता है कि दीवार की कील पर टँगा उसका कैलेंडर ग़ायब है और उसकी जगह दूसरा कैलेंडर लटक रहा है। उस कैलेण्डर पर एक लड़की, सिर पर दुपट्टता रखे, अपने दोनों हाथ फैलाए दुआ माँग रही है और पार्श्व में किसी मस्जिद की कोई मीनार खड़ी है। अनीस ने उस लड़की में गुलनाज़ को देखने की परिकल्पना की, मगर वह अपनी शक्लो-सूरत में कुछ ज़्यादा ही शोख़ जान पड़ी। गुलनाज़ जैसी सादगी उसमें नदारद थी। फिर उसे अपने कैलेंडर की फ़िक्र हुई। अपने छोटे भाई के चेहरे की, जो एक वर्ष की आयु पा कर ख़ुदा को प्यारा हो गया था...

बहरहाल, बहुत खोजबीन के बाद उसका कैलेंडर कमरे की छत से सटे टाँड़ पर लिपटा हुआ मिल गया। अनीस ने उसे निकाला और उसकी पुरानी जगह पर टाँग दिया। दुआ माँगनेवाली लड़की वाला कैलेंडर उसने रोल करके, उसी जगह टाँड़ पर रख दिया। लेकिन अगले दिन फिर वही हुआ। उसका कैलेंडर टाँड़ पर और दुआ माँगनेवाली लड़की दीवार पर।

तब अनीस ने गुलनाज़ से पूछा-

"अनवर मियाँ से तुम्हारा झगड़ा किस बात पर हुआ था?"

गुलनाज़ चुप। अनीस ने फिर पूछा, "डरो नहीं। मैं किसी से कुछ नहीं कहूँगा। बताओ।"

गुलनाज़ सुबकती हुई-सी बोली, "मैं किचन में सोती हूँ न, उस रात वह आया और मेरे सीने में चिकोटी काटने लगा। बस मैं चिल्ला उठी।" इसके बाद गुलनाज़ ने अख़बार लिया और आँसू पोंछती हुई कमरे से बाहर निकल गई।

अनीस को लगा कि यह कोई अस्वाभाविक घटना नहीं है। उसे यह भी लगा कि श्रीकृष्ण की तस्वीर वाले कैलेंडर को हटाया जाना भी कोई अस्वाभाविक घटना नहीं है। अनीस के लिए भले ही कैलेंडर सिर्फ़ दिन-तारीख़ देनेवाला एक काग़ज़ भर हो, पर वह अनवर जैसे लोगों के लिए कोई धार्मिक प्रतीक भी हो सकता है।

इसलिए उसने एक राह निकाली। सोचा–क्यों न दोनों कैलेंडर एक साथ दो दीवारों पर टाँग दिए जाएँ?

मगर समस्या यह थी कि दूसरी कील कहाँ से मिले? रमेश ने सलाह दी–कि वह उसकी हर समस्या से वाक़िफ़ था–कि जूतों पर पॉलिश कराओ और पॉलिश करनेवाले से एक कील माँग लो। अनीस ने ऐसा ही किया। और जब कील उसे मिल गई तो उसने ईंट का एक टुकड़ा ढूँढ़ा और उस टुकड़े से अपने कमरे की एक दीवार पर कील गाड़ने की कोशिश करने लगा। इस काम में उसे बड़ी मशक़्क़त करनी पड़ी, क्योंकि सीमेंटेड दीवार पर कील गाड़ना कोई हँसी–खेल नहीं है। बहरहाल, जब उसके कमरे में आजू–बाजू दोनों कैलेंडर टँग गए तो उसने राहत की साँस ली। एक कैलेंडर में उसके मरे हुए छोटे भाई की सूरत जैसी बाँसुरी बजाते श्रीकृष्ण और दूसरे कैलेंडर में गुलनाज़ जैसी, पर ज़रा शोख़–सी लड़की दुआ करती हुई कि या अल्लाह! अपने बन्दों को अक़्ल दे।

मगर अगली शाम अनीस क्या देखता है कि दुआ माँगती हुई लड़की वाला कैलेंडर तो टँगा है, मगर बाँसुरी बजाते श्रीकृष्ण जी वाला कैलेंडर फिर टाँड़ पर पड़ा हुआ है। अब अनीस की हिम्मत जवाब दे गई। उसने दोनों ही कैलेंडरों को निकाला और आनन–फानन में उन्हें चिन्दियों में बदल दिया। वह उन चिन्दियों को लेकर पास के क़ब्रिस्तान में गया और उन्हें दफ़नाकर अपने कमरे में चला आया।

सच पूछिए, तो अब आप कहानी पढ़ रहे हैं।

अनवर की ड्यूटी रात की थी। उस रात शीतलहरी बह रही थी और ग़ज़ब की ठंड थी। वह रात में एक बजे के बाद आया। उसने कुंडी खटखटाई। अनीस ने कुंडी खटखटाने की आवाज़ सुनी। मगर वह उठा नहीं। अनवर बहुत देर तक कुंडी खटखटाता रहा। अनीस उस खटखटाहट की आवाज़ सुनता रहा...आख़िर खटखटाहट की आवाज़ बन्द हो गई।

दुबारा कुंडी तब खटकी, जब गुलनाज़ आई।

''रात आपने अच्छा किया, मियाँ को रात रेलवे स्टेशन पर गुज़ारनी पड़ी। मैम ने अन्दर घुसने नहीं दिया।''

गुलनाज़ अभी इतना ही बोल पाई थी कि अनवर मियाँ आ गए। आते ही चीख़े, ''रात में आपने दरवाज़ा क्यों नहीं खोला? मैं कितनी देर तक खटखटाता रहा!''

अनीस मुस्कराया। बोला, ''ज़रा दीवारों की तरफ़ देखिए। दोनों कैलेंडर ग़ायब हैं। न जाने किस जिन्न की हरकत है? जब दोनों कैलेंडर थे तो आपके

दरवाज़ा खटखटाने पर या तो श्रीकृष्ण की बाँसुरी सुनाई पड़ती थी, या फिर दुआ माँगनेवाली लड़की के पीछे खड़ी मस्जिद से अज़ान की आवाज़ आती थी और मेरी नींद खुल जाती थी...मगर आज की रात...''

अनवर मियाँ ने दीवारों की तरफ़ देखा और देखते ही रह गए। कैलेंडर वाक़ई ग़ायब थे।

गुलनाज़ ने अनवर की ओर रुख़ करके पिच्च से थूका और कमरे से बाहर निकल गई।

दि संडे पोस्ट, साहित्य विशेषांक–2009

शादी का जोकर

कहते हैं कि एक ज़माने में अरब और ईरान के शराबघरों में लड़कियों की तरह सजे-धजे ख़ूबसूरत लड़के ग्राहकों को शराब परोसा करते थे। उनके बाल लम्बे होते थे और वे आँखों में सुरमा और गालों में सुर्ख़ी लगाकर अपनी नाज़ुक अदाओं से लोगों का मन इस तरह मोहते थे कि लोग कितने जामो-मीना गटक जाते थे, इसका उन्हें होश ही नहीं रहता था। वे लड़के साक़ी कहलाते थे और वे ग़ुलाम होते थे और ग़ुलाम का मतलब ही होता था ख़ूबसूरत लड़का। और ये ख़ूबसूरत लड़के बाज़ारों में बिका करते थे और उनका व्यापार होता था और सौदागर उनकी बोली लगाते थे, हज़रत याक़ूब के साहबज़ादे हज़रत यूसुफ़ भी इसी तरह मिस्र के बाज़ार में बिके थे, जिन्हें जुलेख़ा ने ख़रीदा था। और जिनके बारे में जामी ने यूसुफ़-जुलेख़ा की मशहूर मसनवी लिखी थी।

हमारे यहाँ भी ख़ूबसूरत लड़कों की कोई कम इज़्ज़त नहीं थी। नाच-नौटंकियों में उनकी ज़रूरत पड़ती थी। वे लौंडा कहलाते थे, जो लौंडी का पुल्लिंग होता था। इसीलिए वे होते तो लड़के थे, मगर स्टेज पर लड़कियों जैसे लगते थे। वे भी लम्बे-लम्बे बाल रखते थे, आँखों में काजल और चेहरे पर मुर्दासंख लगाते थे। वे नाचते थे और गाते थे और नाच-मंडलियों में जाकर भी नाचा करते थे और वे ज़मींदारों के रखैल होते थे और उनके लिए हत्याएँ तक होती थीं। मगर अफ़सोस कि उनमें से किसी को जामी जैसा कोई कवि नहीं मिला और कोई महाकाव्य रचा जाने से रह गया। तो भी, यह क्या कम था कि पुत्र-जन्म, शादी-ब्याह या कोई भी शुभकार्य उनके बग़ैर सूना लगता था। उनके आकर्षण का अनुमान उस घटना से लगाया जा सकता है जब एक शादी में वर पक्ष और कन्या पक्ष के दरम्यान सिर्फ़ इस बात पर सरफुटव्वल हो गई थी कि एक शायर ने 'सेहरा' पढ़ते हुए यह मिसरा बोल दिया था कि 'तरक़्क़ी कर गई दुनिया मगर लौंडा नहीं बदला।'

लेकिन ज़माना बदला और ख़ूब तेज़ी के साथ बदला और उस बदलाव ने अपने कई-कई रंग बदले और उन रंगों से नाच ग़ायब हुए और नौटंकियाँ

ग़ायब हुईं और तमाम रीति-रिवाज़ ग़ायब हो गए। यहाँ तक कि भँड़ैती भी ग़ायब हो गई। भँड़ैती तो इसलिए ग़ायब हुई कि बनारस के पुद्दी भाँड़ और 'करैला' और 'बताशा' जैसी नामी-गिरामी भाँड़ों की जगह अब नए-नए भँड़ैत पैदा हो गए। पढ़े-लिखे। सूट-टाईवाले। फ़िल्मों में करिश्मा दिखानेवाले। टी.वी. चैनल्स पर छा जानेवाले। प्रतिष्ठित। सेलेब्रेटी कलाकार।

उन्होंने जनता के भीतर एक और जनता पैदा कर दी।

मगर जो असली जनता थी, वह नाकारा नहीं थी और वह समझदार थी और वह चालाक थी और उसे कलाकारी आती थी और वह जानती थी कि अपना लोहा मनवा लेगी, इसलिए उसने एक नई पौद विकसित की। "अब मैं देखती हूँ कि लोगों के शुभकार्य मेरे बग़ैर कैसे सम्पन्न होंगे?"

उस जनता ने सोचा और 'महाभारत' नामक धारावाहिक के पटकथा एवं संवाद लेखक से उसने सबक लिया और इकट्ठा कर लिये उसने उदाहरण : संस्कृत नाटकों से विदूषक को खँगाला। तमाशा की जोकरैती को परखा। सर्कस के क्लाउन को सामने रखा। लंठों की परम्परागत लंठई पर विचार किया। और फिर, एक नया किरदार रचा : शादी का जोकर।

प्रिय पाठको,

आपने शादी का जोकर अवश्य ही देखा होगा। वही, जो शादी वाले शामियाने में चेहरे पर सफ़ेदा पोते, होंठों को लाल रंग से रँगे, सर्कसी टोपी लगाए, काले कपड़ों से सुसज्जित, हाथों में सफ़ेद दस्ताने पहने, एक हाथ में छड़ी घुमाता और दूसरा हाथ शेकहैंड के लिए आगे बढ़ाए बच्चों का मनोरंजन करता है और आपको पसोपेश में डालता है, कि क्या करना चाहिए? इससे हाथ मिलाना चाहिए या नहीं? अगर मिलाते हैं तो लोग क्या सोचेंगे? अगर नहीं मिलाते हैं तो यह क्या सोचेगा? हालाँकि यह अन्तिम प्रश्न आपके दिमाग़ में शायद ही आता हो! फिर भी।

यह कहानी शादी के एक ऐसे ही जोकर के बारे में है। शादी एक शादीघर में थी, कि शादियाँ अब घरों में नहीं, शादीघरों में होती हैं। शादी एक ख़ाँ साहब की बेटी की थी; कि छोटे-मोटे लोगों की बेटियों की शादियाँ अब भी घरों में ही होती हैं और वहाँ शादी के जोकर की कोई गुज़र नहीं होती।

ख़ाँ साहब का पूरा परिवार, मेहमानों सहित, सुबह से ही शादीघर में पहुँच गया था। सबका नहाना-धोना और दोपहर का खाना-पीना वहीं हुआ था। शादीघर को सजानेवाली चीज़ें अपने मौलिक रूप में दोपहर को ही वहाँ पहुँच

चुकी थीं। उनमें वे टेबुलें थीं जिन पर मिट्टी के थक्के जमे हुए थे और कार्पेट कहे जानेवाले जो टुकड़े थे वे न जाने कितनी बार लतियाए जा चुके थे। मगर शाम होते-होते उनकी मौलिकता ग़ायब हो गई थी और वे सारी चीज़ें चमकने लगी थीं। टेबुलों पर चादरें चढ़ गईं थीं और कार्पेट पर बिजली के लट्टू अपनी किरनें बिखेर रहे थे।

ठीक उन्हीं चीज़ों की तरह ख़ाँ साहब के घरवाले तथा उनके मेहमान भी दमकने लगे थे। उटंगी सलवारोंवाली लड़कियों ने फ़िनाइल की गोलियों से बसे गरारे पहने लिये थे और लड़कों ने ईद पर पहने गए अपने कपड़े निकाल लिये थे और मर्दों ने शेरवानियाँ पहन ली थीं और नए फैशनवालों ने सूट धारण कर लिये थे। और एक सज्जन अपनी बँधी-बँधाई टाई की नॉट में से एक खटमल निकालकर मार रहे थे कि अचानक शोर हुआ-

"जनवासे में जोकर लोग गन्दगी फैला रहे हैं।"

ख़ाँ साहब के ये देहाती रिश्तेदार थे, वरना जनवासा जैसे गैर-इस्लामी लफ़्ज का इस्तेमाल न करते।

ख़ैर, ख़ाँ साहब शादीघर के उस हॉल की ओर बढ़े जहाँ बरात को बैठाने का इन्तज़ाम था। और वे दंग रह गए। सूचना सही थी।

पूरे हॉल में सजावट थी। फ़र्श पर गद्दों के ऊपर सफ़ेद चाँदनी बिछी हुई थी। एक तरफ़ दूल्हे के लिए स्टेज बना हुआ था। वहीं एक तरफ़ ख़ाली जगह में दो कुर्सियों पर शादी के दो जोकर कबाब खा रहे थे और नीचे काग़ज़ की जूठी प्लेटें पड़ी थीं।

ख़ाँ साहब अवाक्। उन्हें साँप सूँघ गया या काठ मार गया, यह वे समझ नहीं पाए क्योंकि हिन्दी या उर्दू किसी भी भाषा का व्याकरण उन्हें नहीं आता था। मगर दोनों जोकर खड़े हो गए। ख़ाँ साहब ने ग़ौर से देखा। एक जोकर पन्द्रह-सोलह साल का था और दूसरे की उम्र यही कोई दस-बारह बरस की थी। दोनों ने अपने कास्ट्यूम्स पहन रखे थे। दोनों सगे भाई थे और डिनर पार्टी के साथ आए थे। ख़ाँ साहब को यह मालूम था। हालाँकि वहाँ आईडी कार्ड की कोई ज़रूरत नहीं थी, फिर भी ख़ाँ साहब ने उनके नाम भी मालूम कर लिये थे। बड़े भाई का नाम था कल्लू और छोटे का लल्लू। लल्लू ने अपना चेहरा रँग रखा था। उसके सिर पर सर्कसी टोपी थी। लिबास कुछ-कुछ लड़कियों जैसा। फिर भी उसमें आकर्षण कम था। सही आकर्षण था कल्लू में। साँवला रंग, नमकीन चेहरा, घुँघराली ज़ुल्फ़ें (जो नक़ली थीं) और तिरछी अदा। मगर जोकर के भेस में वह अटपटा दिखता था।

कास्ट्यूम पहनने के बाद वह एक कूबड़ वाले बूढ़े की तरह दिखता था। चेहरे पर मास्क, जिस पर ऐनक। काला चोगा। कमर पर गोल-सा गूमड़। हाथों में सफ़ेद दस्ताने। एक हाथ में छड़ी और दूसरा हाथ शेकहैंड के लिए आगे फैला हुआ। चलता तो ऐसा प्रतीत होता मानो वह वाक़ई कोई कूबड़ वाला बूढ़ा हो।

"यह इसलिए हाथ मिला रहा है कि इसके हाथ में रुपया-दो रुपया देना चाहिए।"

बाहर मजमे में यह बात किसी ने कही थी, जो उस समय ख़ाँ साहब को याद आ गई और वह बिफर पड़े।

"यहाँ बैठे-बैठे गन्दगी फैला रहे हो! हरामख़ोर...।"

"नहीं साहब, ई गन्दगी बच्चा लोग फैलाइन हैं। ऊ आ रहे हैं हमसे हाथ मिलावे। हम्म अब्भी जा रहे हैं बाहर।"

यह कहते हुए कल्लू ने अपना कास्ट्यूम ठीक किया और दोनों भाई बाहर निकल गए।

तभी गोलियों की आवाज़ें सुनाई पड़ीं। लगा, दीवाली की रात है और मुहल्ले में पटाखे छूट रहे हैं। मगर वह दीवाली की रात नहीं थी। और वे आवाज़ें भी पटाखों की नहीं थीं।

फिर चारों तरफ़ भगदड़ मच गई।

हवा में सायरन की आवाज़ गूँज उठी।

गोलियों की तड़तड़ाहट बढ़ती चली गई।

फिर एक भीड़ शादीघर में घुस आई।

वे लोग बराती नहीं थे।

"क्या हुआ?" एक प्रश्न उठा तो जवाब में सुनाई पड़ा-

"एनकाउंटर। इसी मुहल्ले में, बग़ल के घर में शायद एनकाउंटर हुआ है। कई दिनों से सुनने में आ रहा था कि वहाँ आतंकवादी छिपे हुए हैं।"

"आतंकवादी!"

किसी के मुँह से यह एक शब्द निकला। बस। और उसका मुँह खुला का खुला रह गया।

तभी कई पुलिसवाले शादीघर में घुस आए।

कल्लू ने सोचा, ख़ाँ साहब के मेहमान होंगे और वह आगे बढ़कर एक पुलिसवाले से हाथ मिलाने लगा।

आसमान में एक हवाई फायर हुआ।

अगले क्षण, कल्लू नाम का, शादी का जोकर ग़ायब था।

अगले दिन सुबह, जबकि ख़ाँ साहब शादी का तामझाम समेटवाने में लगे थे, कुछ लोग उनके पास पहुँचे और कल्लू को पुलिस के चंगुल से छुड़वाने की गुहार करने लगे।

"बर्तन सब गिन लिये?" ख़ाँ साहब ने उधर कोई ध्यान दिए बग़ैर ही किसी से पूछा।

"हाँ जी।"

"कोई प्लेट वग़ैरह टूटी-फूटी तो नहीं है, ग़ायब तो नहीं हुई है?"

"एक ग़ायब है जी, मगर मिल जाएगी। ढुँढ़वा रहे हैं। जनाने में कहीं पड़ी होगी।"

"हमारे कलुवा को बचा लीजिए ख़ाँ साहब।" तभी आगन्तुकों में से एक दुबला-पतला बूढ़ा-सा व्यक्ति आगे बढ़ा और हाथ जोड़कर ख़ाँ साहब के सामने खड़ा हो गया।

ख़ाँ साहब बिफर पड़े। बोले–

"मैं क्या कोई अल्ला मियाँ हूँ? जाकर किसी वकील से मिलो। देख नहीं रहे हो, मैं कितना बिज़ी हूँ इस वक़्त!"

आगन्तुकों ने शादीघर पर नज़रें दौड़ाईं।

रात की सजावट ग़ायब थी और सारा सामान इधर-उधर मलबे की तरह बिखरा पड़ा था, मानो वहीं कोई बम फूट पड़ा हो।

"अगर आप नेताजी से कह देते।" एक अन्य व्यक्ति ने गिड़गिड़ाते स्वर में कुछ कहने की कोशिश की तो ख़ाँ साहब ने इस बार सामान्य-सा उत्तर दिया, "वे शहर में नहीं हैं। शादी अटेंड करके कल रात में ही राजधानी चले गए हैं। कब तक लौटेंगे पता नहीं।"

फिर एक लड़के को उन्होंने आवाज़ दी।

"ए बबलू, गाड़ी लेकर घर जा और अपनी मम्मी से बोल दे कि हम जल्दी ही आ रहे हैं। तैयार रहें। रात में नेग की चार-पाँच साड़ियाँ कम पड़ गई थीं। बाज़ार चलकर लाना है और गुड़िया की ससुराल में उन्हें भिजवाना है।"

फिर एक अन्य युवक को उन्होंने आवाज़ दी–

"अबे, ऊ दरी घर की है, उसे शामियाने वालों की दरियों के साथ मत डाल देना।"

और फिर ख़ाँ साहब तेज़ क़दमों से आगे बढ़ गए। आगन्तुकों का दल सिर लटकाए शादीघर से बाहर निकल गया।

वे जब अपने मुहल्ले में पहुँचे तो वहाँ एक अच्छी-ख़ासी पंचायत-सी चल रही थी। लोग कल्लू के घर से सटे हुए घर की दालान में बैठे हुए थे और आपस में धीरे-धीरे बातें कर रहे थे। मगर आवाज़ बाहर तक आ रही थी, इसलिए ये लोग भी वहीं जा बैठे।

''मगर भाई, ई तो हद है। इत्ता-सा बच्चा भला बम क्या जाने? अउर कहा जा रहा है कि इसकी कमर में कूबड़ नहीं, ऊ तो बम रहा।'' एक ने कहा तो दूसरे ने जड़ा-

''पन्द्रा-सोला साल का बच्चा अब बच्चा नहीं होता। तुम अपने ज़माने की बात छोड़ो।''

''मगर ऊ लोग तो कह रहे हैं कि ई कई बरस से उनके गिरोह में काम कर रहा था।''

''तो क्या हुआ? देखते नहीं क्या, कि पूरा का पूरा बाज़ार असलहों के ख़िलौनों से भरा पड़ा है और माँ-बाप अपने छोटे-छोटे बच्चों को ऐसे खिलौने लाकर दे रहे हैं।''

''मगर वो तो खिलौने हैं।''

''अरे भाई, बच्चे इसी तरह बिगड़ते हैं। वो खिलौने से शुरू करके असली असलहों तक पहुँच जाते हैं।''

''बात ये नहीं है।'' ये शायद वो सज्जन थे जो रात में ख़ाँ साहब के यहाँ शादी में मौजूद थे और कह रहे थे कि यह इसलिए हाथ मिला रहा है कि इसके हाथ में रुपया-दो रुपया देना चाहिए, ''बात कुछ और है!''

''और क्या बात हो सकती है?''

''आजकल दुनिया भर में साज़िश चल रही है कि कुछ लोग छोटे-छोटे बच्चों को लोभ-लालच दे-देकर अपने गिरोह में शामिल कर लेते हैं और फिर बाक़ायदा उन्हें ट्रेंड करते हैं, ताकि वो अमन-चैन की दुनिया को बरबाद करने में उनके काम आ सकें।''

''नहीं-नहीं, ऐसा नहीं हो सकता। बच्चे ये काम नहीं कर सकते।''

''मगर जवान लोग तो कर सकते हैं और बच्चे ही तो आगे चलकर जवान होते हैं। अब ज़रा सोचकर देखो, गोलियों या बमों से जिन-जिन बड़ी हस्तियों का काम तमाम किया गया है वो क्या हमारे-तुम्हारे जैसे थे?''

''आप ठीक कहते हैं?'' अब एक अन्य व्यक्ति ने अपना चेहरा आगे

किया, ''सुनते हैं लादेन भी तो अपनी कम उम्र से ही यह सब करने लगा था!''

''अबे घामड़ लादेन नहीं, ओसामा।'' एक पढ़े-लिखे क़िस्म के अधेड़-से आदमी ने उसे फटकारा, ''उसका नाम लादेन नहीं, ओसामा है।''

''मगर सब लोग तो उसे लादेन ही कहते हैं।'' इस बार कई स्वर एक साथ उभरे। तब उस अधेड़-से आदमी ने बड़ी ही संजीदगी के साथ उन्हें समझाया–

''वो तो इसलिए कहते हैं कि अख़बार लिखता है, टी.वी. कहता है, और तो और दुनिया भर के बड़े-बड़े नेता लोग भी कहते हैं। मगर याद करो, पहले उसका नाम आता था ओसामा बिन लादेन। अब 'ओसामा बिन' तो ग़ायब हो गया, रह गया सिर्फ़ लादेन।''

''मगर ऐसा क्यों हुआ?''

''ऐसा इसलिए हुआ कि 'फलानों की कमी नहीं दुनिया में ऐ फलाँ, 'एक ढूँढ़ों, हज़ार मिलते हैं।' अरे भाई ओसामा बिन लादेन का मतलब है लादेन का बेटा ओसामा। अरबी ज़बान में 'बिन' कहते हैं बेटे को। अब हो यह रहा है कि हरामीपन तो बेटा कर रहा है और फ़ज़ीहत हो रही है बेचारे बाप की।''

''अरे अब बस भी करो। हम यहाँ अपने कल्लू को लेकर परेशान हैं और तुम लोग फ़िलासफ़ी झाड़ रहे हो। ये सोचो कि उसको कैसे बचाया जाए?''

''ख़ाँ साहब ने क्या कहा?'' किसी ने नवागन्तुकों से प्रश्न किया तो सबने अपने चेहरे लटका लिये। बस एक धीमी-सी आवाज़ आई, ''कुछ नहीं।''

फिर पूरी दालान में सन्नाटा छा गया। ऐसा सन्नाटा, मानो अचानक क़र्फ़्यू लग गया हो। बाहर सड़कों पर चल रहे रिक्शों की घंटियाँ तक सुनने में नहीं आ रही थीं। पेड़ों पर कौवे काँव-काँव बोल रहे थे, मगर दालान तक उनकी आवाज़ भी नहीं आ रही थी।

तभी अन्दर से एक स्त्री की आवाज़ आई, ''तुम्हीं लोग क्यों नहीं चले जाते थाने। दरोग़ा साहब के पाँव पकड़ लेना, तो हो सकता है उन्हें रहम आ जाए अउर छोड़ दें हमारे कलुवा को।''

इस आवाज़ को सुनते ही फिर दालान में खुसुर-फुसुर होने लगी। मगर सवाल यह था कि बिल्ली के गले में घंटी कौन बाँधे?

और फिर एक-एक कर सभी लोग वहाँ से उठकर चले गए।

पूरा दिन ऊहापोह में गुज़रा। मुहल्ले में तरह-तरह की बातें होती रहीं। लोग आपस में सलाह-मशवरा करते रहे। मगर कोई किसी नतीजे पर नहीं पहुँच सका। शाम हो गई।

तभी वे सज्जन, जिन्होंने रुपया-दो रुपया देने की बात कही थी, कल्लू के घर पहुँचे। कल्लू का बाप एक खटिया पर सिर थामे बैठा था और भीतर से रह-रहकर रोने-कलपने की आवाज़ें आ रही थीं।

"चलो, उठो, हमीं चलते हैं। देखते हैं, क्या होता है? बहुत करेंगे हमें भी बन्द कर देंगे और क्या?"

उस सज्जन की आवाज़ सुनकर कल्लू का बाप उठ खड़ा हुआ। वह थोड़ी देर तक तो उनकी तरफ़ देखता रहा, फिर जब वे चलने को हुए तो वह भी उनके पीछे-पीछे चल पड़ा।

मुहल्ले में फिर चेमेगोइयाँ शुरू हो गईं। दोनों लोग जब थाने पहुँचे तो सूर्यास्त होने को था। मौसम ख़ुशगवार हो रहा था। शहर से थोड़ा बाहरी इलाक़े में होने के कारण थाने का परिसर शान्त और सुन्दर था। चारों तरफ़ नीम, जामुन और आम के पेड़ खड़े थे। परिसर में बच्चे खेल रहे थे। उनमें आसपास के बच्चे भी थे और थाने में तैनात कर्मचारियों के भी। थाने की इमारत आगे, थोड़ी दूर पर थी। वहाँ हवालात में बन्द क़ैदियों के घरवाले परेशानहाल खड़े थे या इधर-उधर दौड़-धूप कर रहे थे।

वहाँ पहुँचते ही कल्लू के बाप ने तो साफ़ मना कर दिया कि वह अन्दर नहीं जाएगा। वह बहुत डरा हुआ था।

ख़ैर, अब बात का बतंगड़ बनाने से क्या फ़ायदा। रुपया-दो रुपया देने की बात कहनेवाले सज्जन ही किसी तरह साहस बटोरकर अन्दर गए। वे चूँकि पढ़े-लिखे आदमी थे, इसलिए दरोग़ा साहब ने उनसे ढंग से बात की और उन्हें कल्लू को दूर से देख लेने की इजाज़त मिल गई। बस।

वे सज्जन कल्लू के बाप के साथ हवालात की कोठरी की तरफ़ बढ़े जहाँ कल्लू बन्द था। बाप अब भी उन सज्जन के पीछे-पीछे ही चल रहा था।

वहाँ पहुँचकर उन्होंने देखा, कल्लू अपनी कोठरी में सीखचों के पार खड़ा था। इन्हें देखते ही उसका चेहरा खिल उठा। उसे लगा मानो अब सीखचोंवाला दरवाज़ा खुलेगा और वह बाहर आ जाएगा। मगर, एक सिपाही ने जब उन्हें थोड़ी दूर पर ही, एक निश्चित स्थान पर, रोक दिया तो कल्लू का चेहरा बुझ गया। जैसे बल्ब जलते ही अचानक बिजली चली गई हो।

कल्लू के शरीर पर अब शादी के जोकर वाले कास्ट्यूम्स नहीं थे। वह एक फटी हुई-सी शर्ट और गन्दा-सा पाजामा पहने हुए था। मगर चेहरे पर उसका नमकीन सौन्दर्य बरक़रार था। मेकअप भी झलक रहा था, मगर वह बनावटी नहीं था। आँखें सूजकर बड़ी हो गई थीं, इसलिए और ख़ूबसूरत लग रही थीं। उसके

असली बाल बिखरकर घुँघराले जैसे हो गए थे। गालों पर लाली थी, मगर शायद ख़ून की। होंठ मोटे और थोड़े तिरछे हो गए थे। इस तरह उसके पूरे व्यक्तित्व में दोनों ही रूप नज़र आ रहे थे, साक़ी का भी और शादी के जोकर का भी।

यह दृश्य देखकर कल्लू का बाप तो ठूँठ हो गया था, मगर साथ वाले सज्जन के चेहरे पर अजीब तरह के भाव नज़र आ-जा रहे थे। अचानक उन्हें लगा, मानो कल्लू ने शेकहैंड करने के लिए अपना दाहिना हाथ सीखचों से बाहर निकाला, फिर झटके से उसे भीतर खींच लिया।

दोनों लौट पड़े।

मगर इस बार कल्लू का बाप आगे-आगे चल रहा था और वे सज्जन उसके पीछे थे।

थाने की इमारत से थोड़ी दूर निकल आने पर, जब वे पेड़ों के पास से गुज़र रहे थे, अचानक छर्रों वाली किसी गन की आवाज़ सुनाई पड़ी और वे ठिठककर खड़े हो गए। उन्होंने घूमकर देखा तो क्या देखा कि एक पेड़ के नीचे कबूतर का बच्चा ख़ून से लिथड़ा तड़प रहा है और थोड़ी दूर पर खड़ा एक बालक खिलखिला-खिलखिलाकर हँस रहा है। और फिर उन्होंने क्या देखा कि थोड़ी देर में बच्चों की एक भीड़-सी वहाँ इकट्ठी हो गई और वे ज़मीन पर पड़े कबूतर के उस बच्चे को एक-दूसरे की तरफ़ उछालने लगे।

कल्लू के बाप को गश आ गया और रुपया-दो रुपया की बात कहनेवाले सज्जन ने उन्हें अपनी बाँहों में सँभाल लिया।

नया ज्ञानोदय, जनवरी 2011

महामारी

कहानी का अन्त

इस कहानी का अन्त इस प्रकार होता है–

दरवाज़े की घंटी बजती है। कहानी की नायिका यानी नायक की पत्नी दरवाज़ा खोलती है। सामने नायक खड़ा है। नायिका बेहोश होकर धड़ाम से ज़मीन पर गिर पड़ती है।

अब कहानी

एक समय की बात है कि एक नगर में कहानी के नायक और नायिका सुखपूर्वक अपना जीवन व्यतीत कर रहे थे। फिर अचानक हुआ क्या कि उस नगर में महामारी फैल गई और फटाफट लोग मरने लगे। प्रतिदिन अख़बार खोलते ही यह ख़बर पढ़ने को मिलती कि अमुक स्थान में इतने लोग महामारी से मारे गए। वे किस प्रकार मारे गए, इसका विवरण भी अख़बार में साफ़-साफ़ लिखा होता, जिससे इस बात का अनुमान सहज ही लगाया जा सकता था कि महामारी के बारे में अख़बारवालों को पूरी जानकारी है। उस युग में नियम ऐसा था कि कोई भी अख़बार राजा की कृपा के बग़ैर नहीं चल सकता था। इसलिए यह बात भी लगभग स्वयंसिद्ध थी कि राजा को भी महामारी का पता ज़रूर रहा होगा। मगर न जाने वह कैसी महामारी थी कि उसका उन्मूलन अथवा उपचार किसी के भी किए नहीं हो पा रहा था।

महामारियाँ इससे पहले भी उस नगर में आई थीं। पर धीरे-धीरे या तो उनका उन्मूलन हो गया था या फिर कोई न कोई उपचार ढूँढ़ लिया गया था। मसलन चेचक नाम की एक ऐसी महामारी थी कि उसके टीके लग जाते तो वह शरीर में प्रवेश ही नहीं कर पाती थी। प्लेग एक ऐसी महामारी का नाम था कि पहले उसका असर चूहों पर पड़ता था। जैसे ही इधर-उधर मरे हुए चूहे दिखाई पड़ते लोग सतर्क हो जाते और उससे बचाव का प्रबन्ध कर लेते थे। मगर यह

महामारी तो ऐसी थी कि न तो इसके लक्षण मालूम हो पाते थे और न ही इसके लिए कोई टीका ही अब तक ईजाद हो पाया था। वैज्ञानिक लोग अभी तक इसका कोई नाम भी नहीं खोज सके थे।

जिस महामारी का वर्णन इस कहानी में किया जा रहा है वह एक विस्फोट के रूप में फूटती थी और अनेकानेक लोगों का काम तमाम करके अन्यत्र चली जाती थी। फिर राज्य के वैज्ञानिक और अधिकारीगण उसका पता ही लगाते रह जाते थे। और सुना यह जाता था कि आज फिर अमुक जगह विस्फोट हुआ और इतने लोग मार डाले गए।

सो, पूरे राज्य में दहशत फैल गई थी और लोगों का हाल यह था कि शादी अथवा दीवाली जैसे त्योहार में भी यदि पटाखे छूटते तो वे थर-थर काँपने लगते थे और देवी-देवता मनाने लगते थे।

अब देखिए कि हमारे नायक-नायिका पर इस महामारी का प्रकोप किस प्रकार होता है? हुआ यह कि नायक महोदय के पास उनके गाँव से एक पत्र आया, जिसमें 'सिरी उपमा जोग' आदि के उपरान्त यह लिखा था कि तुम्हारी माँ सख़्त बीमार है, मुँह देखना है तो पत्र पाते ही चले आओ। और पत्र पढ़ते ही नायक ने तत्काल गाँव जाने का मन बना लिया। दरअसल नायक महोदय जिस नगरी में रह रहे थे वह देश की राजधानी थी और गाँव-देहात के चित्र वहाँ या तो सिनेमा में देखने को मिलते थे या फिर प्रेमचन्द नामक एक स्वर्गीय लेखक की किताबों में। जो लोग मूलतः गाँववासी थे तथा किसी मजबूरी के चलते उस भव्य नगरी में रह रहे थे, वे गाँव का नाम सुनते ही राजधानी से बाहर निकलने के लिए तड़पने लगते थे। सो, हमारे नायक महोदय भी तड़पने लगे। एक तो गाँव देखने की ललक, दूसरे ममतामयी माँ की चिन्ता। वे बड़ी बेचैनी के साथ बिस्तर पर लेटे और एक बार फिर उन्होंने तय किया कि वे घर ज़रूर जाएँगे।

मगर अगली सुबह कुछ इस तरह आई जैसे गाँवों में मटर की फसल के लिए पाला आता है। नायक महोदय ने चाय की सिप के साथ जब उस रोज़ का अख़बार खोला तो देखते क्या हैं कि अख़बार के एकदम पहले पेज पर ही छपी एक मोटी-सी ख़बर उन्हें घूर-घूरकर देख रही है। ख़बर यह थी कि रेलवे स्टेशन के प्लेटफ़ॉर्म नम्बर सात पर कल रात महामारी एक भयंकर विस्फोट के रूप में आई, जिसमें चौदह लोग मारे गए और अस्सी ज़ख़्मी हो गए।

इस ख़बर ने हमारे नायक से अधिक हमारी नायिका को चिन्तित किया और उसने पति को सुझाव दिया कि अभी कुछ दिनों तक वे कहीं न जाएँ। यात्रा करना ठीक नहीं। लगता है, शनि ग्रह का प्रकोप चल रहा है। बल्कि ग्रहशान्ति का कोई

उपाय सोचें। नायक महोदय मान गए और सोचा यह स्त्री ठीक ही कहती है। वैसे भी गाँव के लोग जल्दी ही घबरा जाते हैं। माँ को दमा ही तो है। और दमे का मरीज़ इतनी जल्दी थोड़े मर जाता है। नायक ने इस तरह अपने मन को सन्तुष्ट कर लिया और अपने काम में पुनः व्यस्त हो गए।

लेकिन अभी हफ़्ता भर भी नहीं गुज़रा था कि गाँव से एक तार आ गया, जिसमें लिखा था कि माँ की हालत बहुत नाज़ुक है। डॉक्टरों ने जवाब दे दिया है। फ़ौरन आ जाओ।

तार पाते ही हमारे नायक महोदय ने यात्रा की तैयारी शुरू कर दी। पत्नी से बोले कि वे सुबह की गाड़ी से ही चले जाएँगे। नायक की पत्नी यानी कि हमारी नायिका विशुद्ध भारतीय संस्कारों की स्त्री थी। अल्प शिक्षित, कुछ-कुछ मूर्ख, डरपोक, शंकालु और अन्धविश्वास से भरी हुई। इसलिए वह बुरी तरह घबरा गई। बोली, आपको हम अकेले नहीं जाने देंगी। हम भी साथ चलेंगी। और बजाय सुबह की गाड़ी से चलने के दोपहर की गाड़ी से चलना तय हो गया। अगले दिन सुबह-सवेरे जबकि हमारे नायक-नायिका यात्रा की तैयारियों में व्यस्त थे, उनके नीचे वाले फ़्लैट में रहनेवाले वर्मा जी ने ऊपर आकर ख़बर सुनाई कि अभी थोड़ी देर पहले रेलवे स्टेशन जा रही एक बस में महामारी का विस्फोट हुआ और लगभग चालीस लोगों की मृत्यु हो गई। बस की छत तक उड़ गई है। पूरी बस में मांस के चिथड़े चिपके हुए हैं और दूर-दूर तक कटे-फटे हाथ-पाँव देखे जा सकते हैं। चौकसी के लिए नगर भर में सेना तैनात कर दी गई है।

यह सुनना था कि हमारी नायिका ने तत्काल अपना इरादा बदल दिया और बोली, "देखो जी, माँ मरे चाहे बाप, हम न तो ख़ुद जाएँगी और न आपको जाने दूँगी। हम अपना सुहाग तो न लुटने देंगे। लगता है, शनि ग्रह का प्रकोप भयंकर हो उठा है। आप अपने परिवार की सोचो। किसी पंडित को बुलाकर यज्ञ का प्रबन्ध कराओ।"

हमारे नायक महोदय अपनी पत्नी के दबैल बिलकुल नहीं थे, मगर अपनी जान तो उन्हें भी प्यारी थी। सो, यह सोचकर चुप बैठ गए कि यदि कोई पूछेगा, माँ मर गई, मगर आए क्यों नहीं? तो कह देंगे कि क्या बताएँ, अचानक पत्नी की तबीयत ख़राब हो गई थी, कई रोज़ तक अस्पताल में भर्ती रहीं...बस इसीलिए नहीं आ सके...

राजधानी में रहते-रहते हमारे नायक महोदय यह तो जान ही गए थे कि देहातियों से किस-किस प्रकार के बहाने किए जा सकते हैं। ख़ैर, गाँव की यात्रा एक बार फिर टल गई...

...और एक रोज़ गाँव से ख़बर आई कि माँ चल बसीं। मरते वक़्त बार-बार तुम्हें पूछ रही थीं। अब कम से कम उनके किरिया-करम में तो चले आओ।

यह उन दिनों की बात है जबकि महामारी समूचे राज्य भर में फैल गई थी। और राज्य के राजा ने जगह-जगह इस प्रकार के निर्देश अंकित करवा दिए थे -

-किसी लावारिस वस्तु को मत छूइए। उसमें महामारी के कीटाणु हो सकते हैं।

-बस में बैठने से पहले अपनी सीट के नीचे अच्छी तरह से देख लीजिए। कोई सन्दिग्ध वस्तु दिखाई पड़े तो फ़ौरन पुलिस को सूचित कीजिए। वह सन्दिग्ध वस्तु महामारी हो सकती है।

-विस्फोट से पहले ही महामारी की सूचना देनेवाले व्यक्ति को दस हज़ार रुपए का इनाम दिया जाएगा।

-महामारी की सूचना दीजिए, इनाम पाइए।

आदि-आदि।

मगर तमाम चौकसी, तमाम सतर्कता और तमाम सावधानियों के बावजूद जगह-जगह बसों में, रेलवे स्टेशनों पर, सड़कों पर और बाज़ारों में महामारी अपना कोप दिखा रही थी और अनगिनत ज़िन्दगियाँ ख़त्म होती जा रही थीं। ऐसा लग रहा था मानो यह महामारी पूरी पृथ्वी को ही निर्जन बनाकर रख देगी।

इन घटनाओं के कारण नगर के लोगों में इस कदर भय व्याप्त हो गया था कि बच्चे स्कूल जाने से कतराने लगे थे और स्त्रियों ने शॉपिंग करना बन्द कर दिया था। यहाँ तक कि राज्य के पशु-पक्षी भी उन्मुक्तता के साथ नहीं विचर रहे थे।

मगर हमारे नायक महोदय ने इस बार यह दृढ़ निश्चय किया कि वे गाँव ज़रूर जाएँगे। पत्नी ने उन्हें लाख समझाने की कोशिश की, कुछ टेसुए भी बहाए, नन्हीं बिटिया का मुँह दिखाया। मगर वे नहीं माने। बोले-

"मैं कल जाऊँगा।"

पत्नी समझ गई कि अब ये नहीं मानेंगे। सो, पहले तो वह बिस्तर में दुबककर ख़ूब रोई, मगर फिर न जाने कैसे हमारी नायिका में एक अद्‌भुत स्फूर्ति का संचार हुआ और उसने अपनी समस्त कलाओं का उपयोग करके भाँति-भाँति के व्यंजन तैयार किए और पति को अपनी आँखों के सामने बैठाकर पंखा झलते हुए ख़ूब प्रीति के साथ जिमाया। फिर रात में सुहागवेश सजायाँ और इस प्रकार पति के गले लिपटकर सोई कि सुहागरात में भी नहीं सोई थी।

सुबह हुई। पूरब में सूरज निकला। ड्राइंगरूम में अख़बार आया, जिसमें तीन अलग-अलग जगहों में महामारी के विस्फोट और लगभग डेढ़ सौ लोगों के मारे जाने का समाचार छपा था। नायिका ने एक बार फिर अपनी आँखें डबडबाईं। नन्हीं बिटिया को बिसूरकर देखा। मगर नायक महोदय दृढ़ बने रहे। और ठीक साढ़े दस बजे वे सूटकेस लेकर दरवाज़े पर आ गए। पीछे-पीछे गोद में बिटिया को लिये आँखों में आँसू भरे हमारी नायिका।

''तो जा रहे हैं आप?''

''हाँ।''

''बिटिया को प्यार कर लो।''

बस इतना-सा संवाद नायक-नायिका के बीच हुआ। नायक महोदय ने बिटिया को तो चूमा ही, नायिका यानी अपनी पत्नी को भी चूमा और रूमाल से अपनी आँखें पोंछते हुए सीढ़ियाँ उतर गए।

एक अन्तराल बाद

हमारे नायक महोदय ने अपनी पत्नी से वादा किया था कि वे चार-पाँच दिनों में ज़रूर लौट आएँगे। मगर धीरे-धीरे एक महीने का समय बीत गया और नायक महोदय का कुछ भी अता-पता नहीं चला। हमारी नायिका की विडम्बना यह कि जीवन में उसने कभी अकेले सफ़र नहीं किया था। सो, वह नगर से बाहर निकल सकने में असमर्थ थी।

इस बीच नायिका को नायक का कोई पत्र भी नहीं मिला। दरअसल, उन दिनों उस राज्य में डाक की कुछ ऐसी व्यवस्था हो गई थी कि चिट्ठियाँ सीधे परलोक चली जाती थीं और वहाँ पहुँचकर वे भेजनेवाले तथा पानेवाले के खाते में उनका सुख-दुख दर्ज करा देती थीं। हमारी नायिका को चूँकि यह रहस्य ज्ञात नहीं था, इसलिए अपने पति के पास कई-कई पत्र उसने स्वयं इस बीच लिख भेजे।

मगर उनमें से एक का भी उत्तर नहीं आया। उधर, अख़बारों की हालत यह थी कि प्रतिदिन उनमें महामारी की ख़बरें छप रही थीं और उन्हें पढ़-सुनकर हमारी नायिका का बुरा हाल हो रहा था। इन्तज़ार की भी एक हद होती है। हमारी नायिका का इन्तज़ार जब उस हद को पार कर गया तो एक रोज़ क्या हुआ कि अपने पति को याद कर-करके वह ख़ूब रोई, ख़ूब रोई और रोते-रोते उसने अपनी चूड़ियाँ तोड़ डालीं। यही नहीं, अपनी रंगीन साड़ी उतारकर उसने एक सफ़ेद धोती पहन ली और माँग का सिन्दूर पोंछ डाला। यह सब देखकर बिटिया हिचक-हिचक कर रोने लगी तो वह रोती-रोती ही बोली-

"न रो बिटिया। तुम्हारे बापू भगवान के यहाँ गए हैं। वहाँ वे सुखी हैं। एक रोज़ मैं भी तुम्हें लेकर चलूँगी।"

और माँ-बेटी ने सन्तोष कर लिया। लोग सान्त्वना देने आते तो महामारी की चर्चा ज़रूर होती, जिससे तंग आकर हमारी नायिका ने घर में आनेवाला अख़बार बन्द करा दिया।

...कि अचानक उस रोज़ फ़्लैट नम्बर तेरह की घंटी बजी, जिसमें स्वर्गीय नायक की विधवा नायिका अपनी छोटी-सी बिटिया के साथ रह रही थी। उसने उठकर दरवाज़ा खोला और सामने खड़े व्यक्ति को देखकर डर गई। फिर वही हुआ, जिसका वर्णन कहानी के आरम्भ में ही किया जा चुका है। नायिका को यह बात तो होश में आने पर ही मालूम हो सकी कि उसका पति गाँव में महामारी के कोप का नहीं, बल्कि डायरिया का शिकार हो गया था। फिर तो चिट्ठी-पत्री की शिकायत भी उसने नहीं की।

'आज', दीपावली विशेषांक, 1992

फिर क्या हुआ

"मुम्बई आ गया?"

प्लेटफ़ॉर्म पर उतरते ही राजू ने पूछा और मैंने कहा, "हाँ।"

कह तो दिया, पर डर लगा कि कहीं घर पहुँचते ही कोई पूछ न ले, दिल्ली कब पहुँची ट्रेन? या दिल्ली पहुँचने में कितना टाइम लगा?

मेरा दिल धक्-धक् करने लगा। राजू को मैंने ही बताया था कि मैं मुम्बई में रहता हूँ। वह यही समझकर मेरे साथ चला था कि मैं मुम्बई जा रहा हूँ। राजू मुम्बई में रह चुका था। तब वह छोटा था, मगर मुम्बई की बातें वह भूला नहीं था। उसके अब्बू वहाँ टैक्सी चलाते थे। वे एक एक्सीडेंट में चल बसे थे। माँ उसे लेकर अपने गाँव लौट आई थी। राजू जब बड़ा हुआ तो माँ ने उसे बताया कि उसके अब्बू मुम्बई में ही हैं, मगर कहीं खो गए हैं। तब से राजू के मन में भूत सवार था कि कैसे वह मुम्बई पहुँचे और अपने अब्बू को ढूँढ़ निकाले। राजू की माँ भी चाहती थी कि इसको कोई ले जाए। सिलाई करके अपना और दो बच्चों का पेट पालना उसके लिए दिन-ब-दिन मुश्किल हो रहा था। राजू अब तेरह बरस का हो गया था। छोटी बेटी आठ साल की थी। जब खाने के ही लाले थे तो बच्चों की पढ़ाई-लिखाई का सवाल कहाँ उठता था। माँ को यह भी डर था कि बड़ा होकर राजू कहीं आवारा न हो जाए। गाँव में बहुत सारे लड़के धड़ाधड़ आवारा हो रहे थे।

राजू की माँ दूर के रिश्ते में मेरी बहिन लगती थी। उसे विश्वास था कि मैं उसके बेटे के बारे में ज़रूर कुछ न कुछ सोचूँगा। राजू जब दस बरस का था तभी से वह गुज़ारिश कर रही थी कि मैं उसे अपने साथ ले जाऊँ, लेकिन मैं इस इन्तज़ार में था कि यह थोड़ा बड़ा हो जाए, ताकि घर का काम-काज कर सके। राजू की माँ का विचार था कि मैं उसे अपने साथ रखकर थोड़ा-बहुत पढ़ा दूँगा। फिर कहीं किसी छोटी-मोटी नौकरी से लगा दूँगा। ज़ाहिर है कि वह मेरे विचारों से अनभिज्ञ थी। और राजू भला इनसानी दिमाग़ की बारीकियों को क्या समझता!

उसके अपने दिमाग़ में तो बस यही था कि मामू के यहाँ रहेंगे और अब्बू की तलाश करेंगे।

''तो आप ले आए राजू को?''

घर पहुँचने के बाद, अकेले में बीवी ने पूछा तो उसे मैंने सारी बातें समझा दीं –

''देखो असलम की मम्मी, राजू यही समझता है कि वह मुम्बई में है। इसलिए जब कभी मुम्बई की बात करे तो जवाब इस तरह देना कि उसे शक न हो। असलम और जुबैदा को भी समझा देना। वरना, अगर उसे पता चल गया कि वह मुम्बई में नहीं दिल्ली में है तो भाग खड़ा होगा। इसके अलावा, एक बात का और ख़याल रखना। राजू यही समझता है कि वह अपने मामू–मुमानी के यहाँ रहकर अपने अब्बू को ढूँढ़ने के लिए आया है। इसलिए बातचीत में या काम लेने में ऐसा सलूक मत करना कि उसे लगे वह नौकर है...।''

अगले दिन सुबह–सवेरे बीवी ने राजू को पुकारा और कहा कि जाकर मामू का कमरा साफ़ कर दो। मैं ड्राइंगरूम में बैठा अख़बार पढ़ रहा था। राजू झाड़ू लेकर स्टडी में घुसा और अगले ही पल चीख़ा।

''मामू! ज़रा इधर आइए।''

हम घबरा गए। स्टडी में पहले बीवी घुसीं, फिर मैं। राजू मेरी व्हील चेयर को तेज़ी के साथ घुमा रहा था।

''राजू! यह क्या हो रहा है?''

बीवी ने ज़रा डाँटते हुए कहा तो राजू ने व्हील चेयर को छोड़ दिया और हँसने लगा।

''अच्छा मामू, क्या पहले आप बाल काटने का काम करते थे?''

''राजू!'' बीवी के तन–बदन में आग लग गई। वह ज़ोर से चीख़ीं। मगर, स्थिति बिगड़ न जाए, यह सोचकर मैं ज़ोर से हँस पड़ा।

''यह मुम्बई है राजू, यहाँ न जाने किस–किस तरह के काम करने पड़ते हैं।''

यह कहते हुए मैं बाहर निकल आया। पीछे–पीछे बीवी भी आ गईं। लेकिन उनका ग़ुस्सा थमा नहीं था। जैसे ही राजू असलम और जुबैदा के साथ बाहर निकला वे बरस पड़ीं।

''आप उसे ऐसे ही शह देंगे तो देखते रहिएगा एक रोज़ वह सर पर चढ़कर बोलेगा। अगर कोई सुन लेता तो? आपको तो उसने अच्छा–ख़ासा हज्जाम बना दिया।''

बीवी की बात ग़लत न थी, फिर भी मैंने उसे समझाने की कोशिश की, ''देखो असलम की मम्मी, इस तरह की कुर्सी उसने हज्जाम की दुकान में देखी है। इसलिए, इसके अलावा वह सोच भी क्या सकता है? धीरे-धीरे सब समझ जाएगा।'' बीवी चुप रहीं। हालाँकि मेरी दलील उनके गले नहीं उतरी थी। यह उनके चेहरे से साफ़ झलक रहा था।

राजू, असलम और जुबैदा तीनों ही हमउम्र थे। साथ खेलते, लड़ते-झगड़ते भी। मगर न जाने कैसे जुबैदा को यह अहसास हो गया कि राजू नौकर है और अचानक ही वह राजू से दूर रहने लगी। इस रहस्य का उद्घाटन उस रोज़ हुआ, जबकि कूड़ा फेंकने के लिए दोनों झगड़ पड़े। राजू दौड़ा-दौड़ा मेरे पास आया और बोला-

''देखिए मामू, मैं रोज़ कूड़ा फेंकता हूँ। आज मैंने जुबैदा बाजी से कहा कि वही कूड़ा फेंक आएँ, इस पर वे बिगड़ उठीं। उन्होंने मुझे मारा भी मामू।''

''अच्छा, पहले तुम कूड़ा फेंककर आओ, जुबैदा से तुम्हारे मामू पूछेंगे।''

बीवी ने उसे आदेश देते हुए कहा और वह हारा हुआ-सा चला गया। मेरी हिम्मत नहीं हुई कि जुबैदा से पूछताछ करूँ। लेकिन असलम को जब इस घटना का पता चला तो राजू को ख़ुश करने के लिए उसने एक तरीक़ा निकाला। रात में, जबकि सभी लोग सो चुके थे, असलम अपना होमवर्क पूरा करके मेरे पास स्टडी में आया और बोला-

''अब्बू, आप मेरे लिए जो शूज़ लाए थे, वे तो छोटे हैं। राजू को शायद आ जाएँ। कहिए तो मैं दे दूँ उसे।''

''दे दो।''

यह कहकर मैं भी तनाव मुक्त हो गया और सो गया।

अगले दिन राजू की हालत देखने लायक़ थी। वह इतना ख़ुश था मानो उसे कारूँ का ख़ज़ाना मिल गया हो, मगर साथ ही वह इतना परेशान था कि कहीं ख़ज़ाना कोई छीन न ले उससे।

''मामू, ये जूते अब मेरे हो गए? असलम भाईजान मुझसे ले तो नहीं लेंगे इन्हें?''

ये सवाल उसने इस तरह पूछे मुझसे कि मैं अन्दर तक हिल गया।

''नहीं राजू, ये अब तुम्हारे जूते हैं।''

बस मैं इतना ही कह सका और देखता ही रहा कि वह किस तरह झुककर, चलकर, उचककर अपने पाँव में पहने हुए उन जूतों को हसरत के साथ देख रहा था।

राजू अनपढ़ था, मगर बातचीत में बड़े-बड़े पढ़े-लिखों के कान काट सकता था। उससे मिलकर लोग कहते-यह जितना ज़मीन के ऊपर है उतना ही ज़मीन के नीचे है। जिज्ञासा उसमें प्रबल थी। वह यह तो मान गया था कि मैं हज्जाम नहीं हूँ, मगर यह बात उसकी समझ में नहीं आ रही थी कि मैं आख़िर कौन-सा काम करता हूँ। गाँव में और पास के बाज़ार में उसने जिन लोागें को जो-जो काम करते देखा था, वही काम उसके दिमाग़ में भरे हुए थे। उसने देखा था कि किस तरह लोग अपने परिवार का पेट पालने के लिए दिन-दिन भर खटा करते थे। और यहाँ मैं था कि बस थोड़ी ही देर के लिए बाहर निकलता, फिर वापस आ जाता।

"आप करते क्या हैं मामू?" एक रोज़ उसने अत्यन्त भोलेपन से पूछा तो मैंने जवाब दिया-

"बच्चों को पढ़ाता हूँ।"

"तब तो महीने में अम्माँ लोग पैसे पहुँचा जाती होंगी।"

मैं अवाक्! उसके और मेरे गाँव में भी मदरसे के मौलवी साहब बच्चों को पढ़ाते थे और महीने में फी बच्चा दो रुपए के हिसाब से उन्हें मिला करता था। पढ़ाने के काम को राजू उसी रूप में जानता था। मुझे लगा कि मुझसे भूल हो गई है। अगर इसकी बात बीवी ने सुन ली तो ग़ज़ब हो जाएगा। इसलिए मैंने अगले ही क्षण बात बदल दी।

"नहीं राजू, मैंने तो वैसे ही कह दिया था कि बच्चों को पढ़ाता हूँ। असल में तो मैं सरकारी नौकरी करता हूँ।"

"कहाँ? बिजलीवाले ऑफ़िस में?"

"नहीं भई, मैं...।"

"अच्छा हाँ, तो नल वाले ऑफ़िस में होंगे? है न?"

गाँव में पहले बिजली लगी, फिर नल लगे। उन दिनों बिजली या पानी वाले विभाग से जो लोग गाँव आते थे उन्हें लोग सरकारी आदमी कहते थे। मैं समझ गया कि राजू के दिमाग़ में वही सब भरा हुआ है। मैंने उसे समझाने की कोशिश की-

"देखो राजू, न तो मैं बिजली वाले ऑफ़िस में काम करता और न नल वाले ऑफ़िस में। तुम मेरी बात ज़रा ग़ौर से सुनो...।"

"मामू मैं समझ गया!" उसने मेरी बात बीच में ही काट दी, "आप पुलिसवाले साहब होंगे।" और वह अत्यन्त आश्वस्त भाव से काम में लग गया। मैं ख़ामोश रहा।

दिन गुज़रते रहे। राजू जब मुझसे पूछता कि उसके अब्बू कहीं दिखे या नहीं?

तो मैं कहता कि एक न एक दिन वे ज़रूर दिखाई पड़ेंगे और मैं उन्हें पकड़ लाऊँगा। मेरी बीवी और बेटी जुबैदा उसे पूरी तरह नौकर मानकर उसके साथ नौकर जैसा व्यवहार करने लगीं, मगर राजू ने उसका कुछ भी बुरा नहीं माना। उसने एक बार भी मुझे साहब और मेरी बीवी को मैडम या मेरे बच्चों को छोटे साहब या बीबीजी नहीं कहा। उसके लिए मैं उसका मामू था, मेरी बीवी मुमानी, असलम भाईजान और जुबैदा बाजी। लेकिन कॉलोनी वालों की नज़र में वह मेरा नौकर था। इसलिए सभी लोग उसे छोटू कहकर पुकारते थे। राजू को इस पर सख़्त एतराज़ था। एक दिन तो बाक़ायदा उसने शिकायत की मुझसे। बोला–

"मामू, मेरा नाम तो राजू है, पर सारे लोग मुझे छोटू कहते हैं। मैं क्या इतना छोटा हूँ? आप इनसे कहिए न मामू, कि मेरा नाम न बिगाड़ें।"

मैं क्या जवाब देता? ख़ामोश रहा। मगर कब तक ख़ामोश रहता? एक न एक दिन तो यह स्वीकार करना ही था कि राजू मेरा भानजा नहीं, मेरा नौकर है। कारण तो याद नहीं पर बीवी ने एक रोज़ खीर पकाकर नियाज़ कराया और कॉलोनी के घरों में शीरीनी पहुँचाने का काम राजू के ज़िम्मे सौंप दिया। राजू ख़ुश हो गया। इस बीच असलम ने उसे अपनी एक पैंट और एक शर्ट भी दे दी थी, जिन्हें पहनकर, पाँव में जूते डाल, कंघी-वंघी करके वह शीरीनी देने निकल पड़ा।

लौटा तो चेहरे पर ऐसे भाव थे मानो उसने किसी बिल्ली को शेर का शिकार करते देख लिया हो। बीवी से बोला, "मुमानी-मुमानी, वो जो आठ नम्बर वाले अंकल हैं न, उनकी बीवी हिन्दू हैं।"

"क्या बकता है?"

बीवी ने उसे झिड़क दिया।

"नहीं मुमानी, सच्ची, वो हिन्दू हैं। मैंने जब पूछा कि अंटी क्या आप हिन्दू हैं तो उन्होंने ख़ुद कहा कि हाँ।"

"तुमने पूछा क्यों?"

बीवी ने अब झिड़का नहीं, हैरत के साथ उसका मुँह ताकते हुए पूछा।

"इसलिए न कि अपनी माँग में सिन्दूर भरे हुए थीं।"

"सुन रहे हैं आप, ये राजू क्या कह रहा है?"

बीवी ने मुझे आवाज़ देते हुए कहा तो स्टडी में बैठा-बैठा मैं हँस पड़ा। मैं तो पूरी बातचीत सुन ही रहा था। मैंने सोचा, बात ख़त्म हो गई मगर रात में बीवी ने फिर छेड़ा–

"कहीं राजू ठीक तो नहीं कह रहा है। ख़ाँ साहब की बीवी सिन्दूर तो लगाती हैं, हमने भी देखा है।"

मैं मुस्कराया।

"आप हँस रहे हैं? बीवी भुनभुनाईं।"

"हँस नहीं रहा, मुस्करा रहा हूँ।" मैंने उसे समझाते हुए कहा, "ख़ाँ साहब की बीवी पूरब की हैं और पूरब में कुछ मुसलमान औरतें भी सिन्दूर भरती हैं।" तब जाकर बीवी आश्वस्त हुईं।

लेकिन दो रोज़ बाद ही पड़ोस के हाशिमी साहब आए और आते ही उन्होंने पूछा–

"क्यों साहब, क्या वाक़ई ख़ाँ साहब की बीवी हिन्दू हैं?"

मैं चौंका।

"किसने कहा आपसे?"

"आपका नौकर कह रहा था।"

मैं सन्न! काटो तो ख़ून नहीं। राजू उस वक़्त घर में ही था। कहीं सुन न लिया हो। नौकर! आपका नौकर कह रहा था...।

मैं बेहोश होते-होते बचा। हाशिमी साहब को किसी तरह विदा करके मैं भी बाहर निकल गया।

कुछ दिन और गुज़रे। राजू ने कुछ और चौंकानेवाली बातें कीं। लेकिन जिसका मुझे भय था, वह आख़िर हो ही गया। एक दिन उसने पूछा, "मामू, क्या आप मुझे समन्दर दिखाने नहीं ले चलेंगे?" दिल्ली में समन्दर! पहले तो मैं चकराया, पर यह सोचकर कि किसी दिन इसे यमुना के किनारे ले जाऊँगा, कह दिया, ले चलेंगे। पर बात वहीं ख़त्म नहीं हो गई। एक रोज़ बोला–

"मामू, हमारे अब्बू अन्धेरी और चर्च गेट बहुत जाते थे। शायद वहीं खो गए हों। आप किसी दिन मुझे लेकर चलिए न! पहले हम चर्च गेट में उन्हें ढूँढ़ेंगे, फिर लोकल पकड़कर अन्धेरी चलेंगे। कल चलें?"

"हाँ, नहीं-नहीं, कल नहीं। कल मुझे जहाँ जाना है, अरे वहाँ...।"

मैं हकलाने लगा। उस वक़्त मुझे मुम्बई के किसी दूसरे इलाक़े का नाम ही नहीं याद आ रहा था। आता भी कैसे? ज़िन्दगी में बस एक बार ही तो मुम्बई जाना हुआ था। राहत की बात यह थी कि राजू ज़िद नहीं करता था। वरना तो आए दिन वार्षिक परीक्षा से गुज़रना होता। उस रोज़ भी वह सिर झुकाकर चुपचाप वहाँ से हट गया और मैंने चैन की साँस ली।

कुछ ही दिनों में रमज़ान का महीना आ गया। असलम और जुबैदा तो नहीं, पर राजू रोज़ा रखता था। इससे एक नई समस्या पैदा हो गई। राजू ने कहीं से यह सुन रखा था कि रोज़ेदार से काम नहीं लेना चाहिए। इसलिए बीवी जब भी उससे

किसी काम के लिए कहती, राजू बोलता, "मुमानी, रोज़ेदार से काम न कराइए। अल्ला मियाँ बुरा मानेंगे।" इस पर बीवी का दिमाग़ भन्ना उठता। वे मुझसे भिड़ जातीं। कहतीं, "आप इससे साफ़-साफ़ कह क्यों नहीं देते-तुम हमारे नौकर हो, नौकर की तरह रहो। मामू-मामू, मुमानी-मुमानी सुन-सुनकर मैं तंग आ गई हूँ।

सच तो यह था कि मैं भी तंग आ गया था। पर, करता भी क्या? हाँ, मामले को बिगड़ता हुआ देखकर एक रोज़ मैंने बीवी को ही समझाया-

"बेगम, आप ठीक कहती हैं, मगर राजू अगर नाराज़ होकर भाग गया तो दिल्ली नाम की इस नगरी में ऐसा नौकर ढूँढे नहीं मिलेगा। अगर मिल भी गया तो एक रोज़ सारा माल-मत्ता उड़ाकर चम्पत हो जाएगा।"

बीवी पर इसका असर पड़ा और वे ख़ामोश हो गईं। लेकिन बात यहीं ख़त्म हो जाती तब न! जैसे ही ईद नज़दीक आई, राजू ने गाँव जाने की तैयारी शुरू कर दी। बोला-

"मामू, मुझे घर छोड़ आइए। हर साल ईद पर अब्बू घर आते थे, हो सकता है, इस साल भी आ जाएँ। यहाँ तो हम उन्हें ढूँढ़ नहीं सके। मुझे लगता है मामू कि इस ईद पर वो ज़रूर घर आएँगे।"

राजू का यह फ़ैसला अटल साबित हुआ। मैंने सफ़र की तैयारी की। बीवी को समझाया कि ईद के बाद फिर इसे ले आऊँगा। जुबैदा का कहना था कि इस बार राजू को नहीं किसी और लड़के को ले आइए। असलम ने कोई प्रतिक्रिया व्यक्त नहीं की।

गाड़ी शाम को थी, मगर राजू की तैयारी दिन भर होती रही। अपनी पैंट और शर्ट को उसने ख़ूब रगड़-रगड़कर साफ़ किया और ख़ुदा जाने कैसे मुमानी से उन पर प्रेस करा लेने में वह सफल हो गया। हद तो यह कि जुबैदा ने अपना पुराना बैग उसे दे दिया जिसमें उसने अपने दूसरे कपड़े रख लिये। इसके अलावा राजू ने वे पत्रिकाएँ भी बैग में रख लीं, जिनमें ख़ूबसूरत तस्वीरें छपी हुईं थीं।

राजू पैंट-शर्ट पहनकर जूते के तस्मे बाँध रहा था कि अचानक असलम आ पहुँचा और बिलकुल फ़िल्मी अन्दाज़ में बोला-

"जूते उतार दो!"

राजू का चेहरा सफ़ेद हो गया। असलम ने जब उसे जूते दिए थे तब उसने मुझसे पूछा था कि असमलम भाईजान इसे ले तो नहीं लेंगे। मैंने उसे आश्वस्त किया था कि नहीं। मगर असलम ने जिस तरह उसे जूते उतारने का आर्डर दिया था, उसे देखकर मेरी हालत अजीब हो गई थी। न तो मैं राजू को सान्त्वना दे सकता था, न ही असलम को डाँट सकता था। असलम मेरा बेटा था और राजू...?

राजू रो नहीं रहा था, पर उसकी आँखों में आँसू भरे हुए थे। वह कुछ बोल नहीं रहा था। मगर ऐसा लग रहा था मानो पूछ रहा है कि मामू आपने तो कहा था...मैं अभी तक पसोपेश में था...कि असलम मियाँ ने मुस्कराते हुए गत्ते का एक डिब्बा उसके सामने रख दिया।

''लो।''

राजू ने डिब्बे को खोला। उसमें जूते थे। नए।

''मेरी तरफ़ से। ईद के लिए। अपने गुल्लक के पैसों से ख़रीदे हैं। तुम्हारे लिए। वो तो पुराने जूते थे, फट गए हैं। फटे हुए जूते पहनकर जाते तो कैसा लगता? तुम्हारी मम्मी क्या सोचतीं? अब्बू क्या मैं ग़लत कह रहा हूँ?''

असलम बातूनी था, बड़बड़ाता हुआ चला गया, मगर राजू ने जो रोना शुरू किया तो उसकी हिचकियाँ बँध गईं। अन्ततः वह बेहोश हो गया। होश तब आया, जबकि गाड़ी छूटने का टाइम बीत चुका था।

राष्ट्रीय सहारा, 26 अप्रैल, 1998

उनकी बीमारी

हुआ यह कि वे बीमार हो गए।

उस क्षेत्र में लोगों का बीमार पड़ना कोई नई बात नहीं थी। कभी किसी को बुख़ार आ जाता, कभी किसी को खाँसी। कभी किसी की आँख उठ आती तो कभी कोई सिरदर्द से परेशान हो जाता। कुछ लोग गम्भीर क़िस्म की बीमारियों में पास के सरकारी अस्पताल में भर्ती भी हुआ करते थे। यहाँ तक कि कुछ लोग बीमार पड़कर अब तक मर भी चुके थे। लेकिन उनका बीमार होना और दूसरे लोगों का बीमार होना–इसमें अन्तर था। उनके बीमार होते ही क्षेत्र में आने–जानेवालों का ताँता लग गया। हर समय फ़्लैट नम्बर छत्तीस के सामने कोई न कोई गाड़ी खड़ी रहती। चाहे वह मारुति हो, एम्बेसडर, फियेट या फिर मोटर साइकिल, स्कूटर या रिक्शा ही सही।

वे कोई साधारण पुरुष नहीं, नेता थे। वह भी उस पार्टी के नेता जिसका पूरे देश पर शासन था। क्योंकि वे देश के एक ख़ास वर्ग के नेता थे और देश में उस ख़ास वर्ग के अनेक नेता थे, इसलिए उन्हें इस बात की चिन्ता सदैव सताती रहती थी कि वास्तव में उनके अनुयायी कितने लोग हैं? इस बात का पता लगाने के लिए उन्होंने देश–विदेश में अपने कई कार्यक्रम किए, पर सही–सही कुछ भी मालूम नहीं हो सका। तब उनके एक शुभचिन्तक और अत्यन्त निकट के राजनीतिज्ञ मित्र ने सलाह दी, ''मेरा विचार है कि आप बीमार पड़ जाइए, सब पता चल जाएगा। दूध का दूध और पानी का पानी।'' और वे बीमार पड़ गए।

''पापाजी, पार्टी के कार्यालय से फ़ोन है।'' यह कहते हुए बेटे ने फ़ोन दिया तो उनकी हालत कुछ ज़्यादा ही बिगड़ गई। फ़ोन पर वे इस तरह बोल रहे थे मानो ऑपरेशन टेबल पर लेटे बेहोशी में बड़बड़ा रहे हों।

''अभी तक तो नहीं,'' यह कहते हुए उन्होंने फ़ोन का चोगा बेटे को थमाया और पूछा, ''आनन्द माधव का फ़ोन तो नहीं आया था?''

''अभी तक तो नहीं आया!''

यह सुनते ही उनके चेहरे पर उदासी छा गई। उन्हें बीमार पड़े तीन दिन हो गए थे। इस बीच जो लोग उन्हें देखने के लिए आ चुके थे या फ़ोन पर उनकी बीमारी को लेकर अपनी चिन्ता प्रकट कर चुके थे, बाक़ायदा उनकी सूची बन गई थी। सूची में लगातार नए नाम जुड़ रहे थे। मगर उनके ठीक एक नम्बर ऊपर के नेता यानी आनन्द माधव जी के कान पर जूँ तक नहीं रेंगी। एक-एक बार रेडियो और टेलीविज़न ने भी यह समाचार प्रसारित किया था कि वे बीमार हैं। इसके अतिरिक्त कुछ लोगों को फ़ोन द्वारा भी सूचित किया गया था। हाँ, आनन्द माधव जी को सीधे फ़ोन करना उचित नहीं समझा गया। इससे हेठी होती। पर, उनके बहुत निकट माने जानेवाले ज्ञानचन्दजी को सूचना दे दी गई थी। उन्होंने फ़ोन पर अपनी सहानुभूति भी प्रकट कर दी थी।

"वैसे तो उन्हें स्वयं आना चाहिए था!" उन्होंने अपने शुभचिन्तकों के समक्ष बहुत चिन्तित होते हुए कहा, "पर किसी कारण से अगर नहीं आ सकते तो कम से कम फ़ोन ही करते।"

"अब तो एक ही रास्ता है, एक शुभचिन्तक ने अपना माथा पकड़ते हुए कहा, "आप अस्पताल में भर्ती हो जाइए।"

"और अगर वहाँ भी न आए तो?" दूसरे शुभचिंतक ने आशंका प्रकट की।

"तो, न आएँ!" उनके बेटे ने, जो ख़ुद भी युवा नेता था, ज़रा झल्लाते हुए कहा, "अब कोई मर तो जाएगा नहीं!"

मर जाने की बात पर उनका चेहरा काला पड़ गया। मृत्यु की कल्पना से ही वे दहल गए। उन्हें लगा मानो बिस्तर पर उनकी लाश पड़ी है और अन्तिम दर्शन के लिए जो भीड़ इकट्ठी हुई है उस पर लाठी चार्ज हो रहा है। लाठी का एक वार आनन्द माधव के सिर पर पड़ा है और वे लहूलुहान रूमाल से अपनी आँखें पोंछते हुए कमरे में प्रवेश कर रहे हैं। यह दृश्य आँखों में आते ही सहसा वे उत्साहित हो उठे और बोले, "टैक्सी बुलाओ और अस्पताल में फ़ोन करके कहो कि हम आ रहे हैं।"

उन्हें अस्पताल में भर्ती हुए भी दो दिन हो गए थे, पर आनन्द माधव थे कि न आए तो न आए। पार्टी कार्यालय से घर पर लगातार फ़ोन आ रहे थे और पूछा जा रहा था कि आनन्द माधव जी आए या नहीं? इससे उनकी चिन्ता और बढ़ रही थी।

कहीं पार्टी कार्यालय उनके राजनीतिक मूल्यांकन का आधार इसी बात को न बना ले कि उनकी बीमारी को लेकर किस-किस ने अपनी संवेदना प्रकट की। पहले तो सब कुछ ढँका-छुपा था, अब कुछ भी रहस्य नहीं रह गया था। कहीं यह बीमारी उनके कैरियर पर भारी तो नहीं पड़ जाएगी।

इस तरह की ढेरों चिन्ताएँ थीं, जो उनके मन-मस्तिष्क को मथे डाल रही थीं। दिन का चैन और रातों की नींद उड़ चुकी थी। न खाना सुहाता, न पानी। उनकी यह दशा देखकर परिवार के लोग परेशान हो गए। समाचार-पत्रों में ख़ूब नमक-मिर्च लगाकर उनके बारे में सूचनाएँ छपीं। मगर कोई प्रभाव नहीं हुआ। तब उनके शुभचिन्तकों ने सलाह दी कि उन्हें अस्पताल से घर आ जाना चाहिए।

"मेरी भी यही राय है।" उनके बेटे ने कहा, "एक व्यक्ति को लेकर परेशान होना बेकार है। जहाँ मुर्ग़ा नहीं होता, वहाँ क्या सवेरा नहीं होता?"

और यह तय हो गया कि उन्हें अब अस्पताल से घर ले आया जाए। अगले दिन सुबह उनके बेटे के नेतृत्व में पूरा एक क़ाफ़िला अस्पताल के लिए चला। एक फ़ोटोग्राफर और दो पत्रकार पहले ही अस्पताल पहुँच गए थे।

लेकिन वार्ड का दृश्य तो बदला हुआ था। नर्सें तेज़ी से आ-जा रही थीं। एक डॉक्टर पहले से अन्दर था, दूसरा दौड़ता हुआ जा रहा था।

"क्या बात है, सिस्टर?" बेटे ने बढ़कर एक नर्स से पूछा तो दोनों डॉक्टरों ने घूमकर उसे देखा।

"नेताजी की हालत सीरियस है," उनमें से एक डॉक्टर बोला, "इन्हें बड़े अस्पताल ले जाइए!"

बेटे ने बाप के माथे पर हाथ रखा। माथा तवे की तरह जल रहा था। पता चला आनन्द माधव को मंत्री पद देने की बात घोषित हो गई है।

विश्व विवेक-6, अमेरिका, 1997

इन्दिराज

वह कोई डायरी नहीं थी, लेकिन उसका इस्तेमाल डायरी की तरह हुआ था। नए वर्ष के उपहार के रूप में कभी-कभी मुझे जो डायरी मिलती थी, वह सुन्दर तो होती ही थी, उसके मुखपृष्ठ पर नए वर्ष की संख्याएँ भी लिखी होती थीं। भीतर के पृष्ठों पर डाक-सामग्री की मूल्य-सूची, वर्ष भर की छुट्टियों की तालिका तथा कुछ अन्य आवश्यक सूचनाएँ भी दर्ज होती थीं। मगर उसमें ऐसा कुछ भी नहीं था। सच तो यह है कि वह एक मोटी कॉपी भर थी जिसे डायरी जैसी शक्ल दे दी गई थी और जैसा कि मैंने बताया, उसका इस्तेमाल भी डायरी की तरह ही हुआ था। इसलिए मैं तो उसे डायरी ही कहूँगा, दूसरे लोग जो चाहें कहें।

मैंने उसके पृष्ठ उलटने शुरू किए। दो पृष्ठ सादे थे। तीसरे पर दाहिनी ओर तारीख़ थी और नीचे लिखा था–

"आज हमारे गमले में एक फूल खिला।"

मैंने पृष्ठ उलटा। अगले पृष्ठ पर था–

"आज मैं एक ज़रूरी काम से कचहरी गया। मैंने वहाँ छत्तीस सीढ़ियाँ चढ़ीं और फिर उतनी ही उतरीं।"

डायरी के पृष्ठ पलटते-पलटते और उसके पृष्ठों पर लिखी इबारतों को पढ़ते-पढ़ते एक पृष्ठ पर मुझे एक शक्ल की रेखाएँ-सी दिखाई पड़ीं। नाटा क़द। साँवला रंग। दुबला-पतला शरीर। लम्बा चेहरा। सिर पर छोटे-छोटे बाल। हमेशा कोट, पैंट और टाई से सुसज्जित शरीर। लेकिन ग़ौर से यदि देखें तो कोट भी कॉटन का और पैंट भी। प्रेस करने के बाद भी सिलवटें मौजूद। टाई की नॉट मटमैली। एक बार तो उसमें से एक खटमल निकलता हुआ भी दिखाई पड़ा। पता चला, उन्हें टाई की नॉट बाँधनी नहीं आती। जहाँ ख़रीदते हैं, वहीं बँधवा लेते हैं। फिर वह अपने अन्तकाल तक उसी तरह बँधी रहती है। यह भी मालूम हुआ कि बाज़ार में उनके नाप के जूते नहीं मिलते, कभी बच्चों वाले वे जूते, जो

कुछ बड़ी नाप के बन जाते हैं, वही आते हैं मार्केट में तो उनका काम चलता है। एकाध बार जूते से पाँव निकाले, तो पता चला, मोज़े सिर्फ़ ऊपर ही ऊपर हैं, पंजों वाले हिस्से फटकर लगभग ग़ायब हो चुके हैं।

वे अर्थशास्त्र के अध्यापक थे। शायद इसीलिए उनके समस्त कार्य अर्थशास्त्र के सिद्धान्तों के अनुसार परिचालित होते थे। उनकी तथाकथित डायरी को देखने से पता चला कि वे प्रत्येक महीने का बजट तैयार करते थे और उसी के अनुरूप अपनी तनख़्वाह को ख़र्च करते थे। आय और व्यय का अद्‌भुत सन्तुलन था उनके जीवन में। डायरी के पृष्ठों पर सिर्फ़ घरेलू ख़र्चों का विवरण दर्ज था। गेहूँ, चावल, दालें, दूध, साबुन और सब्ज़ी-तरकारी से लेकर बच्चों को फ़िल्म दिखाने तक का हिसाब अत्यन्त वैज्ञानिक ढंग से लिखा हुआ मिला। किसी पृष्ठ पर दूध की मात्रा कम की गई थी तो किसी पृष्ठ पर फ़िल्म के ख़र्च में कटौती की गई थी। कहीं दोपहर की चाय को काटा गया था तो कहीं धोबी के हिसाब को कम किया गया था। अर्थशास्त्र के नियमानुसार पहले आवश्यक आवश्यकताओं को तरजीह दी गई थी, फिर आरामदायक वस्तुओं को स्थान मिला था। विलासितापूर्ण आवश्यकताएँ तो सिरे से ही नदारद थीं।

विलासितापूर्ण आवश्यकता के नाम पर स्वयं उनका ख़र्च केवल एक था। वह था सिगरेट का ख़र्च। उनकी आदत थी कि हर पीरियड के बाद स्टाफ रूम में किसी कुर्सी पर उकडूँ बैठ जाते और सिगरेट पीकर तत्काल अगला पीरियड पढ़ाने के लिए चले जाते। इसकी व्यवस्था उन्होंने इस प्रकार की थी कि एक पीरियड को वे तीन-चार मिनट पहले ही छोड़ देते थे और दूसरे पीरियड में तीन-चार मिनट बाद पहुँचते थे। यानी बीच के सात-आठ मिनट सिगरेट पीने में वे लगाया करते थे। चूँकि दिन भर में उन्हें कई सिगरेट पीनी पड़ती थीं, इसलिए बाज़ार में उपलब्ध सबसे सस्ती वाली सिगरेट ही वे पिया करते थे। किसी ख़ास ब्रांड की सिगरेट पीने की आदत उन्होंने नहीं डाली थी। धीरे-धीरे महँगाई जब बढ़ती चली गई और बाज़ार में कोई भी सिगरेट सस्ती नहीं रही तो सबसे सस्ती सिगरेट के दो टुकड़े करके वे एक ही सिगरेट को दो बार में पीने लगे थे। उन दिनों रिसेस की चाय भी उन्होंने बन्द कर दी थी।

वे अध्यापक तो अर्थशास्त्र के थे, मगर उनकी दिलचस्पी अंग्रेज़ी भाषा और साहित्य में अधिक थी। शायद इसीलिए वे एक पीरियड अंग्रेज़ी ग्रामर का ज़रूर लेते थे। यही नहीं, अंग्रेज़ी के एक समाचार-पत्र में वे नियमित रूप से सम्पादक के नाम पत्र भी लिखा करते थे। उनका विश्वास था कि कभी न कभी सम्पादक महोदय उनसे अंग्रेज़ी में कोई लेख वग़ैरह ज़रूर माँगेंगे और इस तरह उन्हें पैसे तो

मिलेंगे ही, पत्रकारिता के क्षेत्र में भी उनका नाम होगा। मगर उनका यह विश्वास कभी फलीभूत नहीं हुआ।

उन्होंने विवाह बहुत देर से किया था, इसलिए बच्चे अभी बहुत छोटे थे। दोनों लड़के थे। वे अपने माँ-बाप की तरह डेढ़ पसली के बने हुए थे और हमेशा बीमार पड़ा करते थे। डॉक्टरों को फीस देते-देते जब वे परेशान हो गए तो उन्होंने स्वयं डॉक्टरी करनी शुरू कर दी। होम्योपैथी की एक किताब ले आए और चन्द दवाएँ रख लीं। इस तरह घरेलू उपचार का उन्होंने पूरा इन्तज़ाम कर लिया। डायरी के कुछ पृष्ठों पर उनके द्वारा किए गए इलाज का विवरण भी देखने को मिला। एक पृष्ठ पर लिखा था-

'बीवी को आज आइपीकाक दिया-थर्टी।'

एक अन्य पृष्ठ पर लिखा था-

'छोटे को आज बेलाडोना दिया। इधर कई रोज़ से उसकी आँखें लाल थीं। अब दर्द कम है।'

उनका घर विद्यालय से काफ़ी दूर पड़ता था। इसलिए उन्होंने एक मोपेड रख रखी थी। उसे उन्होंने सेकंडहैंड ख़रीदा था। मोपेड प्रतिदिन प्रायः दो-तीन बार ख़राब हुआ करती थी। मगर विद्यालय पहुँचने में उन्हें कभी देर नहीं हुई। चाहे आँधी-पानी हो और चाहे शीतलहर बह रही हो, वे हर हाल में पौने दस बजे तक विद्यालय ज़रूर पहुँच जाते थे। रास्ते में मोपेड ख़राब हो जाती तो वे उसे किसी रिपेयरिंग शॉप पर छोड़कर रिक्शा कर लेते। या कभी-कभी तो पैदल ही हाँफते हुए आते। रास्ते में पता नहीं क्या सानिहा उपस्थित हो जाए, इसलिए घर से वे घंटे भर का मार्जिन रखकर चला करते थे।

छुट्टियाँ वे कम ही लिया करते थे। मगर छुट्टी की दरख़्वास्त दिए बग़ैर वे कभी भी विद्यालय में अनुपस्थित नहीं रहे। विवाह से पहले की बात है, उनके साथ उनकी बूढ़ी माँ रहा करती थीं। एक रात अचानक वे गुज़र गईं। चूँकि उस इलाक़े का कोई विद्यार्थी उनके विद्यालय में नहीं पढ़ता था, इसलिए छुट्टी की दरख़्वास्त किससे भेजते? उन्होंने घर में ताला लगाया और साढ़े नौ बजे विद्यालय में हाज़िर हो गए।

डायरी के एक पृष्ठ पर लिखा मिला-ज़िन्दगी में हमारा ईमानदार रहना हमारे लिए भले फ़ायदेमन्द न हो, पर दूसरों के लिए तो ज़रूर है।

ईमानदार कौन है और कौन नहीं, यह कहना तो बहुत मुश्किल है। उनके बारे में भी हर आदमी की राय एक-दूसरे से भिन्न हो सकती है। मगर यह सत्य है कि कभी उन्होंने किसी का एक पैसा नहीं दबाया। यही नहीं, जिसका खाया उसको

खिलाकर, खाया हुआ अदा भी कर दिया। दोपहर को रिसेस में विद्यालय के सभी अध्यापक तीन-तीन, चार-चार के गोल में चाय पीने के लिए निकला करते थे। मगर वे हमेशा अकेले ही चायख़ाने जाया करते थे। वहाँ चाय के साथ वे एक बिस्किट लेते और उसे चाय में डुबाकर खा लेते। ऊपर से बची हुई चाय पी जाते। उनके सहयोगियों में से कोई जब बहुत ज़िद करता कि आज उन्हें वह चाय पिलाएगा, तो उसके साथ जाकर उसके पैसे की चाय पी ज़रूर लेते थे, मगर अगले ही दिन उसे अपने साथ ले जाकर चाय पिला लाते थे। ये सब ऐसी बातें थीं कि उनके सहयोगी उन्हें कंजूस, सनकी और न जाने क्या-क्या समझा करते थे। कुछेक मुँहफट क़िस्म के अध्यापक तो कभी-कभी उन्हें झाड़ भी देते थे। एक बार ऐसे ही किसी अध्यापक ने किसी बात पर बिगड़कर उन्हें कहा था-

"ऐसे आदमी को तो गोली मार देनी चाहिए।" मगर अगले ही दिन उन्होंने उस अध्यापक के कन्धों पर हाथ रखा और बाले-

"कल कुछ ज़्यादा ही बुरा मान गए थे क्या यार! उम्मीद है, अब तो मुझे माफ़ कर दिया होगा।"

मगर इस तरह की घटनाओं का कहीं कोई उल्लेख डायरी में नहीं मिला।

उनकी विशेषताओं के और भी पक्ष बताए जा सकते हैं लेकिन अब यही बताना ज़रूरी लग रहा है कि वे अब मर चुके हैं।

उनकी मृत्यु विद्यालय में ही हुई। उस दिन उन्होंने लगातार दो पीरियड पढ़ाए। फिर स्टाफ रूम में आए और चॉक-डस्टर एक तरफ़ रखकर कुर्सी पर उकड़ूँ बैठ गए। जेब से उन्होंने सिगरेट निकाली, उसके दो टुकड़े किए, फिर एक टुकड़े को जलाकर आहिस्ता-आहिस्ता कश लेने लगे। तभी अचानक उन्हें खाँसी आई और खाँसते-खाँसते कुर्सी के नीचे लुढ़क गए। पूरे विद्यालय में कोहराम मच गया। प्रिंसिपल ने डॉक्टर को बुलवाया। डॉक्टर ने उन्हें मृत घोषित कर दिया। विद्यालय में छुट्टी हो गई, विद्यार्थी चले गए। कुछ अध्यापकों को बहुत ज़रूरी काम थे, इसलिए वे भी चलते बने। विद्यालय में बचे सिर्फ़ चपरासी, दो-तीन अध्यापक, प्रिंसिपल और उनका शव।

प्रिंसिपल ने विद्यालय के प्रबन्धक महोदय से निवेदन किया कि वे अपनी गाड़ी भिजवा दें, ताकि उनके शव को उनके निवास तक पहुँचाया जा सके। मगर संयोग कि उस रोज़ ड्राइवर छुट्टी पर था। तब एक चपरासी अपनी खाट उठाकर ले आया। दूसरा चादर ले आया। इस तरह उनके शव को चादर उढ़ाकर खाट पर रखा गया और कन्धों पर उठाकर उन्हें घर तक पहुँचाया गया। वहाँ पहुँचने पर पता चला कि प्रिंसिपल साहब कहीं पीछे ही छूट गए थे।

उनकी अन्त्येष्टि उसी रोज़ शाम को हो गई, जिसमें उनका पूरा मुहल्ला तो शामिल था ही, शहर के अन्य लोग भी भारी संख्या में उपस्थित हुए थे।

यह सब याद करते हुए मैंने उनकी डायरी का अगला पृष्ठ उलटा। लिखा था–

"काश! आदमी अपनी मौत के बाद अपने लिए रोनेवालों को देख पाता।"

और ठीक इसके नीचे लिखा था–

"आज बीवी के लिए एक टॉनिक लानी थी, नहीं ला सका। वह नाराज़ है।"

उसके अगले पृष्ठ पर लिखा था–

"मुझे और किसी चीज़ पर विश्वास हो चाहे न हो, मगर अपने विद्यार्थियों पर पूरा विश्वास है। पूरा से थोड़ा कम, मगर अपने सहयोगियों पर भी विश्वास है। मुझे विश्वास है कि मेरी मृत्यु पर सबसे ज़्यादा वे रोएँगे, जिन्हें मैंने पढ़ाया है, जिनके साथ मैंने ज़िन्दगी का एक बड़ा हिस्सा ख़र्च किया है।"

मैं वहीं पर थम गया। नीचे कुछ और लिखा था, अगले पृष्ठों पर भी कुछ न कुछ तो दर्ज होगा ही, मगर डायरी मैंने बन्द कर दी।

रक्षादूत

गाड़ी रुकते ही प्लेटफ़ॉर्म पर खड़े दो नौजवान दौड़कर आगे बढ़े और एक कम्पार्टमेंट का दरवाज़ा खोलकर भीतर घुस गए। गाड़ी चल दी। उस प्लेटफ़ॉर्म पर गाड़ियों के रुकने की अवधि सिर्फ़ दो मिनट थी।

वे नौजवान जिस कम्पार्टमेंट में घुसे थे, वह थ्रीटियर शयनयान था। रात के दस बजे थे, ज़्यादातर यात्री सो रहे थे। सिर्फ़ एक स्त्री जाग रही थी, उसका पति बीमार था। पति बर्थ पर लेटा-लेटा ख़ून की उल्टियाँ कर रहा था और स्त्री उसके मुँह के पास तौलिया लगाए हुए थी। उनकी बर्थ लैट्रिन के पास थी, जहाँ से रह-रहकर बदबू का झोंका आ रहा था। स्त्री अपने पति की बीमारी और बदबू दोनों से एक जैसी परेशान थी। इसके अलावा उसे अपने उस सूटकेस की चिन्ता भी थी जिसमें उसके जेवर रखे हुए थे, साथ ही कुछ नक़दी भी। वह अपने पति को इलाज के लिए दिल्ली ले जा रही थी।

वे दोनों नौजवान पहले तो आगे बढ़ गए, मगर फिर पीछे लौट आए और बीमार आदमी की बर्थ के पास खड़े हो गए। बग़ल में गलियारे की तरफ़ नीचे की बर्थ पर एक बच्चा लेटा हुआ था और बच्चे को लगभग ढके हुए-से तीन गँवार क़िस्म के लोग बैठे हुए थे। वे तीनों भी नौजवान थे। पर वक़्त से पहले ही वे बूढ़े दिखाई पड़ रहे थे। तीनों ही चुप थे और वे कभी बीमार आदमी को तो कभी सेवा में जुटी स्त्री को देख रहे थे।

दोनों जवान इस दृश्य से उत्तेजित हो उठे।

''कहाँ जाना है?'' उन्होंने कड़ककर उन तीनों व्यक्तियों से प्रश्न किया तो वे थर-थर काँपने लगे।

''हम दिल्ली जाएँगे साहब।'' उनमें से किसी एक ने हिम्मत करके जवाब दिया तो दोनों नौजवान उबल पड़े।

''जानते नहीं हो कि यह रिजर्वेशन वाला डिब्बा है? इसमें क्यों बैठ गए तुम लोग?''

इतना सुनना था कि तीनों व्यक्ति घबराकर उठ खड़े हुए और आगे चलकर लैट्रिन के पास ज़मीन पर बैठ गए।

उस बर्थ पर अब दोनों नौजवान जमकर बैठ गए और पति-सेवा में लगी स्त्री को देखने लगे।

थोड़ी देर बाद उन्होंने ज़मीन पर बैठे उन गँवार क़िस्म के व्यक्तियों पर अपना ध्यान केन्द्रित किया। वे लोग सिर्फ़ देखने में ही गँवार लग रहे थे, हाव-भाव उनके बदमाशों से कम नहीं थे। लैट्रिन के पास ज़मीन पर बैठे हुए भी वे बड़ी अदा के साथ बीड़ियाँ पी रहे थे। बीच-बीच में हँसी-ठिठोली भी अब वे करने लगे थे। बर्थ पर बैठे नौजवानों को उनकी यह हरकत बहुत बुरी लगी और अचानक ही वे अपनी कर्तव्य-भावना के प्रति सतर्क हो गए। उन्हें उन व्यक्तियों के हुलिए में बनावट की गन्ध महसूस हुई और अपने को वे जिरह करने से नहीं रोक सके।

''ए, इधर सुनो!'' एक ने घुड़ककर उन्हें सम्बोधित किया तो उनकी हँसी अचानक बन्द हो गई और अपनी बीड़ियाँ उन्होंने फेंक दीं।

''टिकट है तुम लोगों के पास?''

वे एक-दूसरे का मुँह ताकने लगे।

''मैं पूछता हूँ टिकट है तुम लोगों के पास?''

''टिकट तो नहीं है साहब, गाड़ी छूट रही थी इसलिए...''

इतना सुनना था कि दूसरा नौजवान उठा और आगे बढ़कर बोलनेवाले व्यक्ति को बेतहाशा पीटने लगा।

''टिकट नहीं है आँय। और बैठे हुए हो घुसकर रिज़र्व डिब्बे में? आँय...''

वह व्यक्ति निर्विरोध पिटता रहा और उसके दोनों साथी थर-थर काँपते रहे। इस बीच साथी नौजवान भी बर्थ से उठकर वहाँ पहुँच गया था।

''क्यों घुसे हो इसमें? अटैची चुराने? क्यों? बोलते क्यों नहीं?''

इस सवाल के साथ दूसरे आदमी की पिटाई भी अब शुरू हो गई थी।

''नहीं साहब, हम चोर नहीं हैं। हम ग़रीब हैं। जा रहे हैं काम की तलाश में।''

''काम की तलाश में या गाड़ियों से सूटकेस चुराने? आँय! टिकट क्यों नहीं लिया? तुम्हारे बाप की गाड़ी है यह?''

जो तीसरा व्यक्ति लैट्रिन की तरफ़ सिकुड़ा जा रहा था, अब उसकी पिटाई भी शुरू हो गई थी। वह रोने लगा था–

''मैं तो आ ही नहीं रहा था साहब, यही लोग जबरन लाए हैं।...''

''अच्छा! तुम आ ही नहीं रहे थे, आँय! तो फिर आए क्यों? बोलो!''

"इन लोगों ने कहा, हम काम दिलाएँगे दिल्ली में, हम इसीलिए आए साहब..."

"दिल्ली कहाँ है, जानते हो?"

"हाँ साहब, जानते हैं।"

"'कहाँ है, बोलो!"

"हमारे ही देश में है साहब!"

"देश की दुम! देश किसे कहते हैं, जानता है?"

"जानते हैं साहब, मैं इंटर तक पढ़ा हूँ।"

इतना सुनना था कि उसकी पीठ पर एक ज़ोर का घूँसा पड़ा और वह अकड़ गया। दूसरे ने अन्य दोनों के ऊपर एक-एक लात जमाई और वे छटपटाने लगे।

"जानते हो हम लोग कौन हैं? ये हैं टीटी और मैं हूँ दरोग़ा। तुम जैसे चोरों को पकड़ने के लिए ही हम लोग वर्दी छोड़कर इस ड्रेस में घूमते हैं। सच-सच बता दो कि गाड़ी में क्यों घुसे हो तुम लोग, नहीं तो हड्डी-पसली तोड़कर बाहर खेत में फेंक दूँगा, समझे।"

दरोग़ा ने हड़काया तो टी.टी. ने जेब से काग़ज़-क़लम निकाल लिया।

"तुम लोग अपना नाम बताओ पहले।"

"हम बेकसूर हैं साहब!"

"अबे, अपना नाम बता पहले।" दरोग़ा ने उस पर एक लात फिर जमाई।

"जी, मुन्ना!"

"और तुम्हारा"

"जी, रमेश!"

"जी, शमीम!"

"तुम लोग अटैची-चोर हो न?"

"नहीं साहब, हम लोग ग़रीब हैं। जा रहे हैं काम खोजने। दिल्ली में हमारे गाँव के आदमी रहते हैं...।"

"दरोग़ा साहब, ये लोग पूरे छँटे हुए बदमाश हैं। इन्हें गिरफ़्तार कीजिए आप।" टी.टी. से न रहा गया अब।

"नहीं साहब, गिरफ़्तार न कीजिए हमें। हम बेक़सूर हैं साहब।"

"तो सच-सच बतला दो फिर! अटैची-चोर हो न?"

"नहीं साहब...।"

बात अब बर्दाश्त से बाहर हो गई थी। टी.टी. और दरोग़ा दोनों एक साथ पिल पड़े उन पर और लातों-घूसों-मुक्कों से जमकर धुनाई करने लगे उनकी।

शोर सुनकर कुछ यात्री जाग गए। एक सज्जन तो अपनी बर्थ से कूदकर मौक़े पर ही पहुँच गए और बोले–

''अरे भाई, क्या हो रहा है यह सब?''

''आप जाकर सोइए चुपचाप। हम इन बदमाशों को अभी ठीक किए देते हैं। आप लोग तो घोड़े बेचकर सो रहे हैं, आपको क्या पता कि आपके डिब्बे में अटैची-चोर घुसे हुए हैं। हम न होते तो अब तक ये लोग आपकी अटैचियाँ लेकर चम्पत हो गए होते।'' नौजवानों ने घुड़का तो वे सज्जन उलटे पाँव वापस हो लिये और पूरे डिब्बे में शोर हो गया कि गाड़ी में कुछ अटैची-चोर घुसे हुए हैं। अब तो लगभग सारे यात्री जाग गए और छू-छूकर अपनी अटैचियाँ देखने लगे, अपना सामान गिनने लगे।

''हाँ, तो सच-सच बताओ, तुम लोग अटैची-चोर हो न?''

नौजवानों ने जिरह फिर शुरू कर दी। पर वे लोग किसी भी क़ीमत पर यह मानने को तैयार नहीं थे कि वे चोर हैं। उनमें से एक ने तो हिम्मत करके अपनी सफ़ाई ही देनी शुरू कर दी–

''साहब, आप हमारे गाँव में जाकर किसी से भी पता कर लें हमारे बारे में। मैं तो अपने कॉलेज का अच्छा विद्यार्थी रहा हूँ साहब। आप जाकर मेरे प्रिंसिपल साहब से पूछ लें...''

''क्या नाम है तुम्हारे गाँव का?''

''महाराजगंज साहब।''

''यह किस ज़िले में पड़ता है। कानपुर में?'

''हाँ साहब।''

''वहाँ के प्रिंसिपल का नाम क्या है?''

''रामबचन यादव नाम है साहब।''

''मैं अच्छी तरह जानता हूँ महाराजगंज को। वहाँ के कॉलेज में रामबचन यादव नाम का कोई आदमी नहीं है।''

''हैं साहब, आप पता कर लीजिए।''

'''है? तुम कहते हो, इसलिए है। क्यों?''

दरोग़ा ने अपनी आँखें तरेरीं और एक घूँसा फिर जमाया उसकी पीठ पर।

''ये लोग ऐसे नहीं मानेंगे दरोग़ा साहब, इन्हें गिरफ़्तार कीजिए आप।''

टी.टी. ने सलाह दी तो तीनों व्यक्ति फिर काँपने लगे।

गाड़ी की रफ़्तार कुछ धीमी हुई और उस पढ़े-लिखे व्यक्ति ने विनती करनी शुरू कर दी–

"साहब, आप कहें तो अगले स्टेशन पर हम उतर जाएँ..."

"स्टेशन पर तो हम तुम्हें ख़ुद उतारेंगे और पुलिस स्टेशन ले चलेंगे। घबराते क्यों हो?"

"नहीं साहब, ऐसा न कीजिए। मेरे घरवाले सुनेंगे तो बहुत नाराज़ होंगे। मेरे पिताजी की बड़ी बदनामी होगी।"

"बदनामी! आँय! तेरे बाप कोई लाट साहब हैं क्या बे? और तेरी अम्माँ?"

"इसकी अम्माँ तो शायद कुँआरी माता-समिति की जनरल सेक्रेटरी होंगी, क्यों बे?"

"आप गाली न दें साहब, मैं यहीं उतर जाता हूँ।"

इतना कहकर वह उठा और दरवाज़ा खोलकर नीचे कूद गया।

उसके दोनों साथी भय से काँपने लगे।

"अपना भला चाहो तो तुम लोग भी उतर जाओ, नहीं तो अगले स्टेशन पर वो कुटाई होगी तुम लोगों की कि छठी का दूध याद आ जाएगा। उठो।"

टी.टी. ने उन्हें डराया तो वे भी कूदने के लिए खड़े हो गए। लेकिन गाड़ी की रफ़्तार अब बढ़ गई थी।

"कूदो।"

दरोग़ा ने दरवाज़े के पास खड़े होकर आदेश दिया, पर वे टस से मस नहीं हुए। गाड़ी की रफ़्तार और तेज़ हो गई थी।

"नहीं कूदोगे?"

"मर जाएँगे साहब।"

"मर जाएँगे के बच्चे, कूद। देखें मरता है कि नहीं?"

इतना कहकर टी.टी. ने उनमें से एक को आगे धकेला तो दरोग़ा ने उसे ऐसा धक्का दिया कि वह दरवाज़े से बाहर हो गया।

गाड़ी की रफ़्तार अब बहुत बढ़ गई थी और तीसरा व्यक्ति रोने लगा था।

"आपने क्या कर दिया साहब, हमारा साथी मर जाएगा साहब।"

"अभी तो तू भी मरेगा पहलवान, वरना सच-सच बोल दे कि तुम लोग अटैची-चोर हो कि नहीं?"

"नहीं साहब, आप चाहे फाँसी पर लटका दीजिए..."

"तो फाँसी पर चढ़ेगा, आँय! पर क़बूलेगा नहीं?"

"साहब, हम चोर नहीं हैं।"

"नहीं हैं चोर?"

"नहीं साहब!"

"अच्छा अपने कपड़े उतार।"

वह कुछ देर तक दोनों की तरफ़ कातर आँखों से देखता रहा, फिर उसने अपनी कमीज़ उतार दी।

"पैंट भी उतार!"

उसने अपनी पैंट भी उतार दी।

"अब बनियान भी उतार!"

"साहब हवा चल रही है, ठंड लगेगी।"

"गरमी तो हम पहुँचा देंगे न, ऐसे नहीं, डंडे से गरमी चढ़ेगी। उतार बनियान!'

उसने बनियान भी उतार दी।

"अब चड्ढी भी उतार।"

"अब इतना ज़ुल्म मत कीजिए साहब!"

"ज़ुल्म आँय! ये ज़ुल्म है? और अटैची चुराना? उतार।"

वह चुपचाप खड़ा रहा।

टी.टी. ने एक थप्पड़ उसकी कनपटी पर जमाया और वह बिलख उठा। गाड़ी की रफ़्तार फिर धीमी हो गई थी। बाहर कुछ बत्तियाँ भी जगमगा रही थीं। वह व्यक्ति दूसरी तरफ़ के दरवाज़े के पास पहुँचकर सिकुड़ गया था।

"अच्छा, तो चड्ढी तू नहीं उतारेगा आँय! फिर कूद बाहर।"

"मैं आपके पाँव पकड़ता हूँ साहब, छोड़ दीजिए।"

"क्यों? क्यों छोड़ दें? अटैची चुराने के लिए? रिज़र्व डिब्बे में विदाउट टिकट सफ़र करने के लिए। चल कूद।"

टी.टी. ने उस व्यक्ति के पास वाला दरवाज़ा खोल दिया। उसने बाहर खेतों में उड़ रहे जुगनुओं को थोड़ी देर तक देखा और फिर वह भी कूद गया।

अब उन्होंने इत्मीनान की साँस ली और बर्थ पर जाकर बैठ गए।

बीमार आदमी को अब नींद आ गई थी और उसकी पत्नी भी अपनी बर्थ पर सो गई थी। दोनों नौजवान अपनी कर्तव्य भावना का सफलतापूर्ण निर्वाह करने के गर्व से भरे हुए थे और उनके चेहरों पर आत्मसन्तोष की मुस्कानें खिंची हुई थीं। मनुष्य में अगर साहस हो तो बड़े से बड़े बदमाशों को भी वह ध्वस्त कर सकता है।

"ज़रा देखो तो, सभी यात्री आराम से सो रहे हैं या नहीं। तुम्हारा कुलीग तो शायद बग़ल वाले डिब्बे में होगा, आँय।"

दरोग़ा ने टी.टी. को आँख मारी तो टी.टी. मुस्कराया और उठकर इस किनारे से उस किनारे तक कम्पार्टमेंट का चक्कर लगा आया। सभी यात्री गहरी नींद में डूबे हुए थे।

रात के ढाई बज रहे थे और कोई स्टेशन आनेवाला था।

टी.टी. ने डिब्बे में लगे मेन स्विच को ऑफ कर दिया था, जिससे भीतर-बाहर चारों ओर अँधेरा हो गया था।

गाड़ी स्टेशन के आउटर पर पहुँची तो उसकी रफ़्तार और धीमी हो गई।

दोनों नौजवान खड़े हो गए।

टी.टी. आगे बढ़कर उस ओर के दरवाज़े के पास खड़ा हो गया, जिधर से दरोग़ा ने दो बदमाशों को बाहर किया था।

थोड़ी देर बाद दरोग़ा भी टी.टी. के पीछे आकर खड़ा हो गया।

"दरवाज़ा खोल दो।"

दरोग़ा ने आदेश दिया तो टी.टी. ने दरवाज़ा खोल दिया।

"यह लो कूदो।"

दरोग़ा ने एक सूटकेस उसे थमाया और टी.टी. नीचे कूद गया। लेकिन जब दूसरा सूटकेस लिये दरोग़ा कूदने लगा तो उसने देखा कि जिस व्यक्ति को उसने जबरन नीचे धकेला था, वह बग़ल वाली खिड़की की छड़ पकड़े बाहर लटक रहा था और अब खुले हुए दरवाज़े से किसी तरह भीतर घुसने की कोशिश कर रहा था।

गाड़ी की रफ़्तार फिर तेज़ हो गई थी।

तीसरी औरत

वह काशी विश्वनाथ एक्सप्रेस का रिज़र्वेशन वाला एक डिब्बा था जिसकी सीट नम्बर सात पर एक थुलथुली देह वाली औरत स्वयं को पूरी तरह फैला-फुलाकर बैठी हुई थी और उसके ठीक सामने सीट नम्बर आठ पर उससे कुछ कम मोटी एक दूसरी औरत बैठी हुई थी जो सात नम्बर वाली औरत की तरह भव्य तो नहीं थी, मगर चाँदी-सोने के गहनों से इस प्रकार लदी हुई थी मानो गहने अगर न पहनती वह तो इस ट्रेन में सफ़र ही नहीं कर सकती थी। सीट नम्बर सात और सीट नम्बर आठ गलियारे के ठीक बग़ल वाली सीटें होती हैं जिनके पृष्ठ भाग को अगर गिरा दिया जाए तो पूरी एक बर्थ बन जाती है। लेकिन इन दोनों औरतों ने उसे बर्थ अभी नहीं बनाया था। दिन के वक़्त इसकी ज़रूरत भी नहीं थी। ऊपर से यह ख़तरा और था कि ज़्यादा जगह देखकर वहाँ कोई तीसरा-चौथा यात्री भी बैठ सकता था। अगर कोई सिरफिरा सिर्फ़ एक वाक्य बोल देता कि 'बहिनजी थोड़ा उधर सरक जाइए' तो उस सड़ियल से वाक्य के आगे इन्हें झुकना ही पड़ता। मगर अपनी अतिरिक्त बुद्धिमानी और चतुराई की वजह से ये दोनों औरतें सीट नम्बर सात और सीट नम्बर आठ पर जमी हुई निर्द्वन्द्व भाव से काशी-यात्रा कर रही थीं।

इतिहास की किताबों में जिसे अकबर महान कहा गया है उस अशिक्षित बादशाह के ज़माने का एक क़िस्सा बहुत मशहूर है। एक बार सनक में आकर उसने इस बात के लिए एक बड़ा इनाम रख दिया कि देखें इस राज्य में सबसे बड़ा झूठ कौन बोलता है? दरबार में बड़े-बड़े झूठे इकट्ठे हुए, मगर किसी का झूठ अकबर बादशाह को पसन्द न आया। तब, जैसा कि अक्सर ही होता था आख़िर में आया बीरबल और बोला, "हुज़ूर, कल शाम को मैंने देखा कि एक चबूतरे पर दो औरतें बैठी थीं और दोनों ख़ामोश थीं।" अकबर महान बीरबल की इस बात से बहुत ख़ुश हुआ। उसे लगा कि इससे बड़ा कोई झूठ हो ही नहीं सकता कि एक जगह पर दो औरतें साथ-साथ बैठी हों और दोनों ख़ामोश हों। उसने वह घोषित इनाम बीरबल को बड़े सम्मान के साथ प्रदान किया।

क़िस्सा तो यह एकदम गढ़ा हुआ और बिलकुल झूठ लगता है, क्योंकि संसार में एक-से-एक मौन रहनेवाली औरतें देखी जा सकती हैं। लेकिन काशी विश्वनाथ एक्सप्रेस की सातवीं और आठवीं सीट पर सफ़र कर रही उन औरतों को अगर कोई देखता तो इस क़िस्से को एकदम मनगढ़न्त ही मान सकता था।

वे न जाने कहाँ जन्मी थीं, न जाने किस-किस वातावरण में पली-बढ़ीं, जवान हुईं और फिर प्रौढ़ हुई थीं, न जाने कहाँ क्या करती थीं और न जाने कहाँ से आकर न जाने किस-किस उद्देश्य से यात्रा कर रही थीं। मगर लगता यही था कि वे बचपन की हमजोली हैं और बहुत दिनों के बाद मिलने के कारण भाँति-भाँति की बातें उनके बीच निकल आई हैं। अपनी सीटों पर बैठे हुए पन्द्रह मिनट भी नहीं हुए थे उन्हें कि वार्ता का धाराप्रवाह क्रम आरम्भ हो गया था। हालाँकि उस डिब्बे में बैठा पुरुष वर्ग भी इसी प्रकार के अयाचित रोग से ग्रसित था, क्योंकि धर्म, राजनीतिक खेल और वर्तमान समय के बारे में गम्भीर चर्चा करने का एकमात्र सुअवसर लोगों को ट्रेन में ही मिल सकता है। लेकिन उन औरतों की वार्ता का विषय कुछ और ही था।

इससे पूर्व कि उन औरतों के मध्य होनेवाली वार्ता का विषय बताया जाए, एक घटना का ज़िक्र करना आवश्यक प्रतीत होता है। एक बार की बात है कि एक उच्च शिक्षा-प्राप्त महिला अपने एक कुलीग के घर गईं और वहाँ पहुँचते ही उन्होंने ड्राइंगरूम में रखे टेलीफ़ोन पर इस तरह झपट्टा मारा मानो वह टेलीफ़ोन न होकर कोई कोयल हो और वे महिला न होकर कोई बाज़ हों। लेकिन हाँ, टेलीफ़ोन उठाने से पहले उन्होंने अपने कुलीग की पत्नी से पूछा, 'क्या मैं आपके फ़ोन का इस्तेमाल कर सकती हूँ।'' 'अवश्य, अवश्य कीजिए इस्तेमाल।' कुलीग की श्रीमतीजी ने बड़ी उदारता के साथ उत्तर दिया और महिला महोदया के चेहरे को ध्यानपूर्वक देखने लगीं, जहाँ एक विचित्र क़िस्म की परेशानी झलक रही थी। कुलीग की पत्नी ने सोचा, 'कोई बात हो गई क्या!' और रसोई में से ही उसकी बात सुनने लगीं। महिला महोदया ने टेलीफ़ोन पर अपनी नौकरानी को डाँटना शुरू किया, 'देखो सुशीला, तुमसे कितनी बार कहा कि उनको उड़द की दाल पसन्द नहीं है और हर बार तुम उड़द की दाल ही पका डालती हो। ख़ैर, आगे याद रखना। और देखो, आलू-गोभी की सब्ज़ी तो अभी कल ही बनी थी, आज कुछ और बना लेना। पालक बना लेना। घर में न हो तो बाज़ार से ले आना। और हाँ, छत पर मेरा पेटीकोट पड़ा सूख रहा होगा, वह सूख गया हो तो उसे उतार लेना और तह लगाकर रख देना...। आदि। फिर उन्होंने फ़ोन रख दिया और अपनी सारी परेशानियों से मुक्त हो गईं। क्षण-भर में ही उनका चेहरा गुलाब की तरह खिल उठा।

तो, उन औरतों की बातचीत का विषय भी लगभग इसी तरह का था। शुरुआत शायद इस तरह हुई थी–

"आप कहाँ जा रही हैं?"

"बनारस। और आप?"

"मैं भी बनारस जा रही हूँ। आप रहनेवाली कहाँ की हैं?"

फिर–

"आपके हस्बैंड क्या करते हैं?"

"बिजनेस मैन हैं। और आपके?"

"वे तो एक दफ़्तर में क्लर्क हैं। मगर हेड क्लर्क हैं शायद। दफ़्तर की सारी ज़िम्मेदारी उन्हीं पर है। साहब का काम भी वही देखते हैं। उनके साथ दौरे पर भी जाते हैं।"

आठवीं सीटवाली औरत हर बात का जवाब कुछ ज़्यादा ही लम्बे वाक्यों में दे रही थी। उससे पता चलता था कि उसकी स्थिति सातवीं सीटवाली औरत से ज़रूर कुछ नाज़ुक है। उसके चेहरे पर बहुत बेइत्मीनानी भी थी। जबकि सातवीं सीटवाली औरत आत्माभिमान से लबालब भरी हुई थी इसीलिए वह लगातार प्रश्न किए जा रही थी।

दिल्ली से चलकर गाड़ी जब मुरादाबाद पहुँची तो सातवीं सीटवाली औरत को प्यास लग आई। उसने अपनी डोलची में से थर्मस निकाला और स्टील के एक गिलास में पानी उड़ेलने लगी।

"आप पानी पिएँगी? उसने आठवीं सीटवाली औरत से फिर प्रश्न किया।"

"है, मेरे पास भी है पानी।" उसने जवाब दिया और सीट के नीचे रखी अपनी सुराही टटोलने लगी।

"फ्रिज़ का पानी पीते-पीते ऐसी आदत बिगड़ी है कि दूसरा पानी अब अच्छा ही नहीं लगता।"

सातवें नम्बर की औरत ने आठवें नम्बर वाली औरत की सुराही को तीखी निगाह से देखते हुए कहा और गिलास का पानी गटागट पी गई।

"हाँ बहिन, वो तो ठीक है, मगर मिट्टी के बर्तन में रखे पानी का मज़ा ही कुछ और है!"

आठवीं सीट की औरत ने जवाब दिया और अपने थैले से उसने प्लास्टिक का गिलास निकाल लिया।

"मगर फ्रिज़ तो भई फ्रिज़ ही है। फ्रिज़ तो आपके घर में भी होगा?"

"हम तो घड़े का ही पानी पीते हैं। फ्रिज़ का पानी हमारे हस्बैंड को पसन्द ही नहीं है। एक रोज़ पी लें तो जुकाम हो जाता है।"

तभी गाड़ी ने एक ज़ोर की सीटी दी और डिब्बा हल्का-सा हिला। फिर देखते ही देखते मुरादाबाद का स्टेशन आँखों से ओझल हो गया।

सीट नम्बर नौ-दस-ग्यारह और बारह-तेरह-चौदह आदि पर छः की जगह जो दस-बारह लोग बैठे थे उनके दरम्यान 'रामायण' की चर्चा उस वक़्त अपने पूरे शबाब पर थी। रामायण यानी वाल्मीकि-कृत रामायण महाकाव्य अथवा तुलसीकृत रामचरितमानस की चर्चा नहीं, बल्कि टेलीविज़न पर चल रहे इसी नाम के धारावाहिक की चर्चा। दरअसल यह क़िस्सा ही उस ज़माने का है, जबकि चारों ओर 'रामायण' का बोलबाला था। यानी रामायण युग, जबकि अपने कार्यक्रम तक लोग 'रामायण' के आधार पर तय करते थे। उस समय के आपसी वार्तालाप का स्वरूप कुछ इस तरह होता था-

"कल आप रामायण के तत्काल बाद मुझसे बनवारी पानवाले के यहाँ मिलिए।"

"मगर इतवार को कोई कार्यक्रम न रखो, बच्चे सब रामायण में फँसे रहते हैं।"

"देख सुनीता, कल तू सुबह-सुबह ही आ जा हमारे यहाँ। रामायण यहीं आकर देखना! मगर ज़रा जल्दी निकलना घर से, याद है न, कल धनुष टूटेगा।"

"देखो भाई, कल तो मैं हिल नहीं सकता घर से, चाहे कोई लाख रुपए दे! रामायण है कि नहीं कल।"

आदि।

तो, उस वक़्त काशी विश्वनाथ एक्सप्रेस के उस डिब्बे में भी रामायण की ही चर्चा हो रही थी तथा अवधि को अवधी, अति को अती और किन्तु को किन्तू बोलनेवाले राम और सीता की हार्दिक प्रशंसाएँ अभिव्यक्त की जा रही थीं। अचानक आठवीं सीटवाली औरत ने एक बार अपने उन सहयात्रियों पर उचटती-सी नज़र डाली और सातवीं सीटवाली औरत से बोली-

"अच्छा बताइए, सीताजी का रोल आपको कैसा लग रहा है?"

"अरे बहिनजी, इसमें पूछने की क्या बात है! कहीं मिल जाएँ सीताजी तो मैं तो उनके चरणों पर गिर जाऊँ।"

"और आपके हस्बैंड को।"

"वो तो बहिनजी देखते ही नहीं टी.वी.। कहते हैं, आँखें ख़राब हो जाएँगी।"

सातवीं सीटवाली औरत मुस्कराई।

"अच्छा बताइए, देर रात को दिखाई जानेवाली फ़िल्मों में पिछले शनिवार को जो इंग्लिश फ़िल्म दिखाई गई थी, वह आपको कैसी लगी?"

"फ़िल्म तो बहिनजी हम देखते ही नहीं।"

"मगर बच्चे तो देखते ही होंगे! उन्हें कैसे मना करेंगी आप? और टी.वी. अगर खुला हो तो अपने आपको देखने से कैसे रोका जा सकता है।"

"वो तो ख़ैर है!"

"आपके घर कौन-सा टी.वी. है? रंगीन या ब्लैक एंड व्हाइट? हमने तो अपना ब्लैक एंड व्हाइट टी.वी. बेच दिया। रंगीन में जो मज़ा है वो ब्लैक एंड व्हाइट में कहाँ? आपके यहाँ अप्ट्रॉन का है या बुश का?"

"हम तो बहिनजी पड़ोस में जाकर देख आते हैं। घर में टी.वी. रखने से बच्चों की पढ़ाई ख़राब होती है।"

फिर सातवीं सीटवाली औरत ने विषय बदल दिया। अब वह बच्चों के स्कूल की बात करने लगी। उसके बाद मकान और ज़मीन की चर्चा होने लगी। इस तरह कई-कई मोड़ों से होती हुई वह बातचीत साड़ियों की डिजाइन, हस्बैंड की आदतों, नौकर-नौकरानी की चालाकियों और खान-पान के देशी-विदेशी तौर-तरीक़ों तक जा पहुँची। मगर आठवीं सीटवाली औरत ने किसी भी प्वाइंट पर हार नहीं मानी और अपनी समझ-भर उसके प्रश्नों का लगभग सटीक उत्तर देती रही।

सूरज डूब गया। डिब्बे में लगे सभी बल्ब तो नहीं, पर अधिकांश जल गए। बाहर खेतों में अँधेरा फैल गया। प्रकृति के इस अचानक परिवर्तन ने ट्रेन के कुछ यात्रियों को उदासीन बना दिया और वे औंघाने लगे। अनेक तो बैठे-बैठे ही बाक़ायदा सोने लगे। लेकिन सातवीं और आठवीं सीटवाली औरतें लगातार बतियाती रहीं।

जब लखनऊ शहर की बत्तियाँ झिलमिलाने लगीं तब जाकर उन्हें होश आया कि अब कुछ ज़रूरी काम भी कर लेना चाहिए। और फिर बारी-बारी से वे बाथरूम हो आईं।

गाड़ी जैसे ही लखनऊ स्टेशन पर रुकी, डिब्बे में बग़ैर रिजर्वेशन वाले जितने यात्री घुसे हुए थे उनमें से लगभग आधे लोग नीचे उतर गए और रिजर्वेशन वाले यात्री खाना खाने की तैयारियाँ करने लगे। देखते-ही-देखते डिब्बे में अनगिनत टिफिन-बॉक्स खुल गए और पूरा डिब्बा पूरियों, तरकारियों और भाँति-भाँति के अचारों की ख़ुशबू से भर उठा।

सातवीं और आठवीं सीटवाली उन औरतों ने भी अपना भोजन निकाल लिया।

"आइए, मिलकर खाया जाए।"

सातवीं सीटवाली औरत ने अपना टिफिन-बॉक्स खोलते हुए सामने वाली को सहभोज हेतु आमंत्रित किया तो आठवीं सीटवाली औरत पहले तो हिचकिचाई और अगले ही क्षण सहज भाव से उसने प्लास्टिक में लिपटी हुई अपनी पूड़ी-सब्ज़ी सामने कर दी। सातवीं सीटवाली औरत के पास पूड़ियों के साथ-साथ कचौड़ियाँ भी थीं और सब्ज़ी के साथ-साथ आम-नींबू का अचार तथा तिल के लड्डू भी। उसके पास कग़ज़ की कुछ फूलदार तश्तरियाँ भी थीं। उसने दो तश्तरियों में अपने टिफिन का भोजन सजाया और उनमें से एक को सामने वाली सीट पर रख दिया।

"इसमें से भी तो कुछ लीजिए बहिनजी। मैं तो बहिनजी सफ़र में बहुत कम खाती हूँ। और अचार-वचार तो मुझे पसन्द ही नहीं है। मेरे हस्बैंड कहते हैं कि औरतें खटाई बहुत खाती हैं, जबकि इससे स्वास्थ्य ख़राब होता है।"

"हम तो भाई हर चीज़ खाते हैं। अरे, इस ज़िन्दगी में और है ही क्या? जब तक साँस है, अच्छे-से-अच्छा खा लें, फिर तो...।"

इतना कहकर सातवीं सीटवाली औरत ने आठवीं सीटवाली औरत की एक पूड़ी अपनी दो उँगलियों से उठाई और उसे अपनी तश्तरी में एक किनारे रख लिया।

खाना उन दोनों औरतों के पास इतना ज़्यादा था कि सारा कुछ उनसे खाया नहीं गया। अचार और लड्डू तो ख़त्म हो गए मगर सब्ज़ी और पूड़ियाँ काफ़ी मात्रा में बच गईं।

"सुबह तक तो यह सब ख़राब हो जाएगा बहिनजी, अच्छा होगा कि किसी ग़रीब आदमी को दे दें।"

आठवीं सीटवाली औरत ने अपनी दरियादिली प्रदर्शित करते हुए यह सुझाव दिया तो सातवीं सीटवाली औरत की आँखें फ़ौरन ही डिब्बे के बाहर चली गईं।

"अरे भला करो, कौन खाएगा इसे सुबह?"

अपने होंठों में वह बुदबुदाई भी साथ-साथ।

आठवीं सीटवाली औरत पानी पीने लगी। मगर सातवीं सीटवाली औरत बचे हुए भोजन को प्लास्टिक में लपेटे लगातार बाहर घूरती रही।

फिर अचानक उसकी निगाह प्लेटफ़ॉर्म के एक छोटे-से हिस्से पर केन्द्रित हो गई, जहाँ पच्चीस-छब्बीस साल की एक जवान औरत मैली-कुचैली साड़ी में लिपटी हुई बैठी हुई थी और उसके सामने ज़मीन पर पड़ा एक नन्हा-सा

बच्चा अपने पाँव पटक-पटककर रोए जा रहा था। बच्चे की बग़ल में अल्यूमिनियम की एक काली-सी थाली पड़ी थी और थाली के पास में ही एक छोटी-सी पोटली रखी हुई थी।

सातवीं सीटवाली औरत ने प्लेटफ़ॉर्म पर बैठी उस औरत को पुकारा-

"ए औरत, इधर आ।"

उस औरत ने इस औरत की ओर देखा और उसी तरह बैठी रही।

तब सातवीं सीटवाली औरत ने उसे पुनः पुकारा-

"अरे तुझी को बुला रही हूँ, इधर आ।"

अब वह औरत उठी और धीरे-धीरे चलकर खिड़की के पास खड़ी हो गई। बोली कुछ नहीं।

सातवीं सीटवाली औरत ने अपने हाथ का पैकेट खिड़की के बाहर कर दिया।

"ले, लेजा इसे। खा लेना।"

और इतना कहकर उसने चाहा कि पैकेट छोड़ दे, मगर जब उसने देखा कि पैकेट को तो औरत ने पकड़ा ही नहीं है तो उसे आश्चर्य हुआ। कहीं यह बहरी तो नहीं है? और अपनी आवाज़ उसने थोड़ी ऊँची कर दी।

"ले ना, खाना है इसमें। पूड़ी और सब्ज़ी।"

मगर प्लेटफ़ॉर्म वाली वह औरत अब खड़ी नहीं रही। मुड़ गई।

"आप लोग हर ग़रीब आदमी को भिखमंगा ही समझती हैं क्या बहिनजी?"

मुड़ते-मुड़ते, बड़ी हिकारत के साथ वह भुनभुनाई और आगे बढ़ गई।

"क्या ज़माना आ गया बहिनजी, नीचों तक का दिमाग़ सातवें आसमान पर पहुँच गया है।"

आठवीं सीटवाली औरत ने उस अनपेक्षित स्थिति पर अपनी सशक्त टिप्पणी जड़ी। लेकिन सातवीं सीटवाली औरत ने कोई जवाब नहीं दिया। वह उसी तरह खाने का पैकेट खिड़की से बाहर किए बैठी रही और प्लेटफ़ॉर्म वाली उस औरत को देखती रही, जो अब अपने रोते हुए बच्चे को उठाकर उसके लिए एक टी-स्टॉल से बिस्कुट ख़रीद रही थी और अपनी मैली-कुचैली पोटली में से पैसे निकालकर उन्हें सावधानी के साथ गिन रही थी।

सम्भव, जुलाई-सितम्बर, 1989

नाम-रूप

जो आदमी सामने बैठा था उसे वह बहुत देर से एकटक देख रहा था। आदमी हृष्ट-पुष्ट और नाटा था। उसने सफारी सूट पहन रखा था। बाल खिचड़ी थे, पर क़रीने से कढ़े हुए। नाक की बग़ल में एक मस्सा था। वह चाय के गिलास पर झुका हुआ उस दिन का अख़बार देख रहा था।

वह यानी विनोद श्रीवास्तव। सामने दूसरी बेंच पर बैठा, धीरे-धीरे चाय के घूँट हलक़ के नीचे उतार रहा था। उसके होंठ गिलास से लगते ज़रूर थे, पर आँखें सामनेवाले चेहरे से हटती नहीं थीं।

बेंचों पर इर्द-गिर्द और भी लोग बैठे चाय पी रहे थे। शाम को इस दुकान पर चाय पीनेवालों का अच्छा-ख़ासा जमावड़ा हो जाता था। विनोद श्रीवास्तव पहले दूसरी दुकान पर चाय पीता था, मगर इधर हफ़्ते भर से वह भी इसी दुकान में चाय पीने लगा था। दुकानदार ने चूँकि ख़ुद अपने घर में भैंस पाल रखी थी, इसलिए चाय यहाँ असली दूध की मिलती थी।

विनोद श्रीवास्तव की चाय ख़त्म हो गई थी। गिलास के तल में अब सिर्फ़ बारीक़, काली पत्तियाँ ही शेष रह गई थीं। अब वह सामनेवाले सज्जन को और अधिक ध्यान से देखने लगा था। उसे लग रहा था मानो इस आदमी को उसने कहीं देखा हो। कहाँ देखा है, दिमाग़ पर ज़ोर डाले तो शायद यह भी याद आ जाए! ओह, ये शायद...

"साहब, आपको मैंने कहीं देखा है।"

विनोद श्रीवास्तव से न रहा गया, वह फूट ही पड़ा।

आदमी ने अख़बार से चेहरा उठाया और उसकी ओर घूरकर देखा। बोला कुछ नहीं।

"मैंने कहीं आपको देखा है।"

"अच्छा! हो सकता है।"

दुबारा फिर वही बात सुनकर आदमी ने बहुत बेपरवाही के साथ यह कहा और अपना चेहरा अख़बार के ऊपर फिर झुका लिया।

"आप श्री दीनानाथ गुप्त तो नहीं हैं?'

"हूँ।" आदमी ने फिर अपना चेहरा ऊपर उठाया, "तुमने मेरा नाम कैसे जाना?"

"अरे साहब, वाह!" विनोद श्रीवास्तव खिल उठा। उसकी आँखों में ख़ुशी की एक अजीब-सी चमक भर गई। वह चहकने लगा, "देखिए साहब, मैंने ठीक पहचाना न? मेरा दिल बोल रहा था कि आप दीनानाथ जी ही हैं। पहले से आपका स्वास्थ्य बहुत अच्छा हो गया है, पहचानने में इसीलिए थोड़ी देर हुई। मगर आख़िर साहब, मैंने पहचान ही लिया..."

"तुम कैसे जानते हो मुझे?"

दीनानाथ गुप्त ने बग़ैर उसकी ओर देखे, अख़बार में आँखें गड़ाए-गड़ाए ही प्रश्न किया तो विनोद श्रीवास्तव को हैरत हुई। साहब इधर देख क्यों नहीं रहे हैं? अख़बार के इस पन्ने पर ऐसा क्या छपा है जिसे ये इतनी देर से पढ़े जा रहे हैं...? वह थोड़ा आगे की ओर झुक गया। बोला–

"साहब, आपने मुझे नहीं पहचाना क्या? ज़रा याद कीजिए, मैं विनोद श्रीवास्तव हूँ।"

"अच्छा-अच्छा! तुम्हारा नाम विनोद श्रीवास्तव है।"

"जी साहब, पहचान लिया न!" विनोद श्रीवास्तव की आँखों में अब दुगुनी चमक बढ़ गई थी। मगर दीनानाथ गुप्त तो उसी तरह अख़बार में आँखें गड़ाए बैठे हुए थे।

"कहाँ देखा था तुमने मुझे?" दीनानाथ गुप्त ने उससे दूसरा प्रश्न किया तो भीतर से वह बुझ गया।

"अब भी नहीं पहचाना क्या साहब?"

"भई! मुझे कुछ याद नहीं आ रहा है।"

"विनोद श्रीवास्तव को आप नहीं जानते साहब?"

उसे लगा कि अब वह रो पड़ेगा। मगर दीनानाथ गुप्त का चेहरा उसी तरह सपाट बना रहा।

"साहब, याद कीजिए, सन अस्सी-बयासी में जब आप नए-नए आए थे पार्टी-ऑफ़िस में, तो सबसे पहले मैं ही मिला था आपको। मैंने ही आपका सामान रखवाया था। फिर उस दिन जब एक कुत्ता आपकी ओर काटने के लिए लपका था तो मैंने ही उसे डंडा मारकर भगाया था..."

"तो तुमने पार्टी-ऑफ़िस में देखा था मुझे?"

दीनानाथ गुप्त ने अब अपनी आँखें उसके चेहरे पर जमा दी थीं, पर उनमें पहचान के लक्षण अब भी नहीं थे।

"जी साहब, देखा क्या साहब, बहुत दिनों तक साथ-साथ रहे थे हम लोग, फिर मैं दूसरे पार्टी-ऑफ़िस में चला गया था..."

"अच्छा-अच्छा!"

इतना कहकर दीनानाथ गुप्त उठ गए।

"बैठिए न साहब, एक चाय और पीजिए। अरे रग्घू, दो चाय और देना। स्पेशल बनाना।"

"नहीं-नहीं, मुझे कहीं जाना है। चाय मैं ज़्यादा पीता भी नहीं।"

दीनानाथ गुप्त चलने लगे। मगर विनोद श्रीवास्तव ने उनका रास्ता रोक लिया।

"नहीं साहब, ऐसे कैसे होगा? चाय तो आपको पीनी ही पड़ेगी। बस दो मिनट लगेंगे।"

तब तक चाय आ गई और दीनानाथ गुप्त बेमन से बैठ गए। अब वे अख़बार नहीं पढ़ रहे थे, मगर आँखें उनकी चाय की दुकान की तरफ़ थीं। विनोद श्रीवास्तव अब भी उन्हें एकटक देखे जा रहा था।

"फिर साहब, मुझसे एक ग़लती हो गई और मैं पार्टी से निकाल दिया गया। वहाँ एक लड़की थी साहब-सावित्री, बस उसी से कुछ हो गया था मेरा..."

"अब तो सब कुशल-मंगल है न?"

यह कहकर दीनानाथ गुप्त ने बातों का सिलसिला बन्द करना चाहा, मगर विनोद श्रीवास्तव अभी तृप्त नहीं हुआ था। बोला-

"कृपा है साहब, आजकल कहाँ हैं साहब?"

"साबुन की एक फैक्टरी खोली है छोटी-सी।"

"वाह! ख़ूब साहब! तभी तो..."

विनोद श्रीवास्तव का चेहरा ख़ुशी और आश्चर्य के कारण चौड़ा हो गया था जैसे चमड़े की झिल्ली को किसी ने तानकर फैला दिया हो। मगर दीनानाथ गुप्त का चेहरा पतला और लम्बा हो गया था-फूले हुए ग़ुब्बारे के उस भाग की तरह, जहाँ ठीक से हवा न भर पाई हो!

दीनानाथ गुप्त खड़े हो गए। टेबल पर गिलास रखकर विनोद श्रीवास्तव भी खड़ा हो गया, हालाँकि चाय अभी बाक़ी थी उसमें।

"कहाँ जा रहे हैं साहब?"

"बस यूँ ही।"

और दीनानाथ गुप्त चल पड़े। साथ-साथ विनोद श्रीवास्तव भी चल पड़ा।

"ख़ूब मिलना हुआ साहब! बहुत दिनों बाद मिलकर कितना अच्छा लग रहा है!"

वह बोलता जा रहा था, मगर दीनानाथ गुप्त तेज़-तेज़ चलकर आगे निकल जाना चाहते थे।

"साहब, पार्टी का काम कैसा चल रहा है?"

"पाटी! भई, मेरी तो दिलचस्पी अब रही नहीं उसमें।"

दीनानाथ गुप्त अब काफ़ी आगे हो गए थे और विनोद श्रीवास्तव को उनके साथ चलने के लिए लगभग दौड़ना पड़ रहा था। अचानक दीनानाथ गुप्त एक गली में मुड़े तो विनोद श्रीवास्तव लपककर उनके बिलकुल क़रीब हो गया।

"साहब, इसी गली में रहता हूँ मैं। चलिए न साहब, सावित्री बहुत ख़ुश होगी आपसे मिलकर। आपको तो मेरा बेटा भी जानता है साहब। मैंने सब कुछ बताया है उसे।"

"मगर मैं तो उन्हें जानता भी नहीं!"

"तो क्या हुआ साहब, मुझे तो जानते हैं।"

"देखो भई विजय...क्या नाम बताया..."

"जी, विनोद श्रीवास्तव..."

"मुझे बिलकुल ध्यान नहीं है कि तुम कौन हो? मैं बहुत देर से याद करने की कोशिश कर रहा हूँ, पर...हो सकता है तुम किसी दूसरे दीनानाथ गुप्त से मिले होओ। एक नाम के तो भई, बहुत सारे आदमी होते हैं न..."

"पर साहब..."

"बस।" विनोद श्रीवास्तव के मुँह से और कुछ नहीं निकल सका। दीनानाथ गुप्त गली में न जाने कहाँ खो गए थे।

पुनश्च :

कहानी तो ख़त्म हो चुकी है। अब सिर्फ़ एक महत्त्वपूर्ण सूचना भर देनी बाक़ी रह गई है–

उस रोज़ दीनानाथ गुप्त जब अपने घर पहुँचे तो बेहद दुखी थे। उनके लटके हुए चेहरे को देखकर पत्नी परेशान हो गईं।

"कहीं कोई बात हो गई है क्या?" उन्होंने दीनानाथ गुप्त की बग़ल में बैठते हुए पूछा तो उनका दुख और गहरा हो गया। बोले–

"नहीं नवीन की अम्माँ, कोई विशेष बात तो नहीं हुई, मगर..."

"मगर...मगर क्या?"

"तुम्हें मैंने बताया था न, एक पार्टी के बारे में?"

"हाँ-हाँ, तो?' पत्नी चिन्तित हो गईं। दीनानाथ गुप्त को अच्छा लगा। पति की चिन्ता में सम्मिलित हो जानेवाली पत्नी पतिव्रता होती है, उन्होंने सोचा और आगे बोलना शुरू किया–

"एक बार एक पार्टी ऑफ़िस में मेरी मुलाकात विनोद श्रीवास्तव माम के एक आदमी से हुई थी। कुछ दिनों तक हमने साथ-साथ काम भी किया था।"

"फिर?"

"आज वह मिला था मुझे!"

"अच्छा, यह तो ख़ुशी की बात है। मगर...तुम्हारा चेहरा बुझा-सा क्यों है?"

"वही तो! उसे देखकर मुझे अतीव प्रसन्नता हुई। आगे बढ़कर मैंने उससे बातचीत भी शुरू की, मगर अन्त तक वह मेरी उपेक्षा करता रहा। मानो दीनानाथ गुप्त नाम के किसी आदमी से कभी वह मिला ही न हो..."

"अच्छा! पत्नी को हैरत हुई। मगर पति को ढाढ़स बँधाती हुई वह बोली–

"तो इसमें मुँह लटकाकर दुखी होने की भला क्या बात है? हो सकता है तुम्हें ही भ्रम हुआ हो। संसार में विनोद श्रीवास्तव नाम का वही अकेला व्यक्ति तो होगा नहीं, एक ही शक्ल और एक ही नाम के अनेक लोग देश में भरे पड़े हैं। उठो, मुँह-हाथ धोओ, मैं गरम-गरम चाय बनाकर लाती हूँ।"

इतना कहकर पत्नी उठीं और किचन में घुस गईं। दीनानाथ गुप्त का जी अब हल्का हो गया था। उन्होंने उसे कोई ग़लत जवाब नहीं दिया था, एक नाम और शक्ल के अनेक लोग संसार में हुआ करते हैं, यह विश्वास सभी का है।

बस, इस एक विचार ने दीनानाथ गुप्त को मगन कर दिया था।

पल-प्रतिपल, 1992

तूफ़ानी पहलवान

जनवासे से थोड़ा अलग हटकर आम के एक बग़ीचे में दो चारपाइयाँ अलग-अलग पड़ी थीं और उन पर चार मित्र क़िस्म के लोग विराजमान थे। ताश चल रहा था। वे चारों लोग दिल्ली से आए थे।

जो लोग दस-पन्द्रह वर्षों से दिल्ली में रह रहे हैं और गाँ व से जिनका नाता टूट चुका है, गाँव के बारे में उनकी कल्पना वही पुरानी वाली है। वे लोग अपनी उसी पुरानी कल्पना को साक्षात् देखने-भोगने की लालसा में उस बरात में पहुँचे थे। जैसे गाँव के बारे में उनकी कल्पना बहुत पुरानी थी, वैसे ही गाँव की बरात के बारे में भी। लेकिन यहाँ तो सब कुछ बदल चुका था। बरात बैलगाड़ी से नहीं, बस से आई थी। यह अलग बात है कि सड़क गाँव से काफ़ी बाहर है। बस वहाँ घुस भी नहीं सकती थी। हालाँकि नहर के किनारे-किनारे थोड़ी दूर तक आगे बढ़ने की कोशिश की थी उसने, पर मार्ग में बिजली का जो अवैध तार लगा था, वह इतना नीचे था कि बस थोड़ा और आगे बढ़ती तो तार में उलझकर रह जाती। सो, मय दूल्हे के सभी लोग वहाँ से जनवासे तक पैदल ही पहुँचे थे।

जनवासे में रात भर वीडियो चला था और दिल्ली में रोज़ वीडियो देखनेवाले वे लोग सो नहीं सके थे।

एक ज़माना था कि गाँवों में बरात दो भागों में सहज ही विभाजित हो जाया करती थी। कुछ विशिष्ट लोग होते थे, जिनकी ख़ूब ख़ातिर होती थी और कुछ सामान्य लोग होते थे जो ख़ूब रूठते थे। उन्हें मनाते-मनाते लोग थक जाते थे। लेकिन विशिष्ट वहाँ कोई नहीं था। सभी सामान्य थे। इसलिए रूठने-मनाने का कोई झंझट ही नहीं था। इसके अलावा लड़की वाले इतने समझदार थे कि ऐसी किसी वस्तु का प्रबन्ध उन्होंने बरात के लिए नहीं किया था, जिसको लेकर लोग रूठ सकें। व्यवस्था के नाम पर सिर्फ़ दो ही चीज़ें थीं वहाँ-दूल्हे के लिए दुल्हन और बरात के लिए भोजन। बाक़ी चीज़ों की ज़िम्मेदारी लड़के वालों पर भी

नहीं, स्वयं बरातियों पर थी। यहाँ तक कि दिशा–मैदान जाने के लिए लोटा भी लोग अपने घरों से लेकर आए थे। मगर दिल्ली में तो लोटा होता नहीं, जग होता है, सो ये लोग काफ़ी परेशान हुए थे सुबह–सवेरे। बड़ी मुश्किल से इन्हें 'पराग' दूध का एक पुराना–सा डिब्बा मिला था, जिससे बारी–बारी काम चलाया गया था। फिर नहाने के लिए साबुन लेने ये लोग पास के बाज़ार में गए थे और लौटते वक़्त चाय भी वहीं से पीकर आए थे। रास्ते में इन्हें गाँव का एक ऐसा आदमी मिला था, जिसका न्योता लड़की वालों के यहाँ नहीं था। देखिए, वह बोलता क्या है–

"आप लोग बराती हैं क्या?"

"हाँ, बराती ही हैं।"

"सब ठीक है न, किसी किसिम का लफरमबाइस तो नहीं हुआ?"

"लफरमबाइस! यह क्या होता है?"

आदमी हँसा।

"अरे कुछ नहीं, इन्तज़ाम–बात तो सब ठीक है न?"

"अब यही इन्तज़ाम है कि साबुन ख़रीदने हम बाज़ार आए हैं और चाय भी यहीं से पीकर जा रहे हैं। गाँव में बरात की ख़ातिर क्या अब इसी तरह होती है?"

"अरे साहब, जब लोग गीली बरफी पर शादी करेंगे तो और क्या होगा?"

"गीली बरफी! भाई यह क्या होती है?"

"देखिए साहब, या तो आप तिलक ही चढ़वा लें या फिर ख़ातिर ही करवा लें।"

अब दिल्लीवालों की समझ में सारी बात आ गई। और इन लोगों ने तय किया कि अपनी पुरानी कल्पना को साकार करने के लिए ये लोग अपने से कोई उपाय सोचेंगे।

दिल्लीवाले पढ़े–लिखे और रुचि–सम्पन्न थे। इन्होंने न केवल अपने बचपन में 'गाँव' देखा था, बल्कि प्रेमचन्द के उपन्यास भी पढ़े थे और कई भोजपुरी फ़िल्में भी देखी थीं। सो, इन्हें अन्दाज़ा था कि गाँव की बरात कैसी होती है? अतः इन्होंने दो चारपाइयाँ झटकीं और अमराई में आ बिराजे। कहीं से दो दरियाँ और दो तकिए भी मिल गए। बस, बरात का पूरा शाही ठाठ जमा हो गया। हुक्का तो मिला नहीं, पर कुछ 'पनामा' सिगरेटें मिल गईं।

वे लोग 'पनामा' के कश ले रहे थे और ताश में जमे हुए थे। आकाश पर

घटाएँ घिरी हुई थीं। कभी-कभी हवा के झकोरे आते और पके हुए आम टप्प-टप्प गिरते, जिन्हें उठा-उठाकर गाँव के बच्चे उन बाबू लोगों को थमा देते। इक्की-दुक्की बूँदें भी गिर रही थीं। मगर दिल्लीवाले आश्वस्त थे कि वर्षा नहीं होगी।

तभी वह आया, जिसने अपना नाम बताया, 'तूफ़ानी पहलवान'। सुगठित कसरती बदन, चेहरे पर सफ़ेद दाढ़ी, आँखों पर मोटे काँच का चश्मा, बदन पर चारखाने की एक लुंगी और गन्दा-सा कुर्ता। काँधे से ढोलक लटकाए।

''बाबूजी, आदाब अर्ज़ है।'

बाबू लोगों ने कोई ध्यान नहीं दिया। वे लोग सिगरेट का धुआँ उड़ाते रहे, आम चूसते रहे और ताश की पत्तियाँ फेंकते रहे।

तूफ़ानी पहलवान अपने दाहिने घुटने के नीचे ढोलक रखकर ज़मीन पर बैठ गए और एक ज़ोर की थाप दी। अब दिल्लीवालों का ध्यान टूटा।

''कहो, क्या चाहते हो?'

''कुछ सुनाना चाहते हैं हज़ूर।'

''क्या?'

''आल्हा। यह हमारा पुश्तैनी पेशा है हज़ूर। आप बरात लेकर आए हैं। तूफ़ानी पहलवान को भी कुछ मिलना चाहिए।''

''ठीक है सुनाओ। नैनागढ़ की लड़ाई याद है?'

''याद है हज़ूर।''

''मगर पहले यह बताओ कि तुम आए कहाँ से हो?''

तूफ़ानी पहलवान उत्तर प्रदेश के आजमगढ़ ज़िले से आए थे। वे ठहरे घुमन्तू, जहाँ जी चाहा, गए। लेकिन भाट नहीं थे वे।

''भाटों का काम है हज़ूर, शादी-ब्याह में या बच्चा-कच्चा पैदा होने पर दरवाज़े-दरवाजे जाना और मालिक को खुस करना, तारीफ़ करना। हमारा ई काम नहीं।''

''तब क्या काम है तुम्हारा? किस जाति के हो तुम?''

''हम पहलवान हैं हज़ूर।''

''पहलवान तो कोई जाति हुई नहीं। जो पहलवानी करता है वही पहलवान कहलाता है।''

अब शायद फँस गए थे तूफ़ानी पहलवान।

''दरअसल, हज़ूर हम लोग पंजाब के साँवत मुसलमान हैं। पहले हिन्दू थे। मुसलमान होने पर लोकलाज-बस इधर-उधर बस गए। हम थोड़े-बहुत साँवत

लोग इधर आजमगढ़, गोरखपुर और देवरिया में बसे हुए हैं। काम-धन्धा क्या करते, पहलवानी करते थे हम, सो दंगलों में जाया करते थे। बड़कवा लोग इनाम देते थे। पेट चलता था। एक बार अंग्रेज़ बहादुर ने हमें खुस होकर सौ रुपिया दिया था।''

तूफ़ानी पहलवान बहकने लगे थे।

''तो मुसलमान हो तुम?''

तूफ़ानी पहलवान के दाँत चमके।

''जी हज़ूर।''

''नमाज़ पढ़ते हो?''

''ईद-बकरीद हज़ूर।''

''रोज़ा?''

''औरतें रखती हैं हज़ूर।''

''परदा भी करती हैं वे?''

''कहाँ हज़ूर? परदा करेंगी कतो काम कैसे चलेगा? बड़कवा लोगन के खेत में काम जो करती हैं।''

''शादी-ब्याह कैसे होता है?''

''निकाह से होता है हज़ूर। मौलवी साहब पढ़ाते हैं...। कुछ सुनाएँ हज़ूर?''

''क्या सुनाओगे?''

''नैनागढ़ की लड़ाई। या, जो आप कहें।''

''आल्हा पूरा याद है?''

''याद है हज़ूर।''

''आल्हा क्यों गाते हो तुम?''

''पेट के वास्ते हज़ूर। पहलवानी करते थे, दंगल में जाते थे, इनाम मिलता था। अब बुढ़ापा आ गया, कुश्ती नहीं लड़ सकते तो यही करते हैं।''

''आल्हा कब याद किया?''

''बचपन से हज़ूर। हम लोग ख़ानदानी पहलवान हैं हज़ूर, जैसे आल्हा-ऊदल थे। बचपन से हमारे घरों में आल्हा गाने-सुनने का रिवाज़ रहा है। हम लोग आल्हा सुन-सुनकर, गा-गाकर कुश्ती लड़ते थे। तो आल्हा गाना हम बचपन से ही सीख गए। अब कोई काम नहीं कर सकते तो आल्हा ही गाते हैं। घूमते रहते हैं, कहीं बड़-बड़कवा मिल गए तो इनाम-इकराम मिल जाता है। पहले तो बग़ैर गाए ही मिल जाता था। लोग कहते थे, अरे भाई, पहलवान आया है, दे दो कुछ। मगर अब ज़माना बदल गया हज़ूर। बड़-बड़कवन का गोड़ दबाना पड़ता है, तब जाके कुछ

मिलता है...कुछ सुनाएँ हजूर?''

और तूफ़ानी पहलवान शुरू हो गए।

जिस समय तूफ़ानी पहलवान आल्हा गा रहे थे, बादल छँट गए थे, धूप निकल आई थी और आषाढ़ की उस भयंकर उमस में थ्री-पीस का सूट पहने दूल्हे राजा कोहबर की कोठरी में रूठे हुए बैठे थे तथा बाहर उसके बड़े भाई लड़की के बाप से भूत कबुलवा रहे थे कि स्कूटर कब तक हमारे यहाँ पहुँच जाएगा? लड़की का बाप तीन महीने की मुहलत माँग रहा था और दूल्हे के भाई एक महीने का 'लम्बा' समय दे रहे थे। विवाह की ज़रूरी रस्म के समानान्तर चूँकि यह अहम मसला किसी ज्वलन्त विषय की तरह तप रहा था, शायद इसीलिए धूप भी कुछ कड़ी हो गई थी। लेकिन जैसे ही दो महीने की अवधि में स्कूटर भिजवाने के वादे के साथ समस्या समाप्त हुई वैसे ही बदली फिर घिर आई और इक्की-दुक्की बूँदें फिर टपकने लगीं। अमराई में कोयल फिर कूकने लगी और हवा के झकोरे के साथ पके हुए आम फिर टप्प-टप्प टपकने लगे।

तूफ़ानी पहलवान तूफ़ान की तरह आए थे और तूफ़ान की तरह गा रहे थे।

नैनागढ़ की लड़ाई-

खट खट खट खट तेगा बाजै...

फिर महोबे की लड़ाई।

आल्हा-ऊदल की वीरता!

वीरता सिर्फ़ लड़ने में ही नहीं, खाने में भी-

बनै रसोई जब आल्हा कइ, ओम्मन पड़ै साठ मन हींग।

ब्याह का भोज जबरजंग-

बड़े-बड़े चमचा हैं महबे कै, जामन नौ मन दाल अमाय।
बड़े खवइया महबे वाले, चमचा साठ-साठ लौं खाँय।।

तूफ़ानी पहलवान की अतिशयोक्ति जबर्दस्त!

भोजन में अतिशयोक्ति, वीरता में अतिशयोक्ति, सुन्दरता में अतिशयोक्ति-

चलैं कटारी दुई नैना कइ, उप्पर निबुआ करै उछाल।

''ई निबुआ का होता है तूफ़ानी?''

दिल्लीवाले चहके। ताश की पत्तियाँ गिर गईं चारपाई पर।

''अरे हजूर, आप सब जानते हैं। आप बड़मनई हैं येही से निबुआ कहा...।''

''नहीं तो छतिया कहते, क्यों?''

तूफ़ानी पहलवान लजा गए, बारह बरस की बिटिहिनी की तरह!

लेकिन अगले ही क्षण तूफ़ानी पहलवान फिर जोश में आ गए। ढोलक पर उन्होंने कस के एक थाप लगाई और 'महोबे का युद्ध' गाने लगे। हवा के झकोरे में उनकी दाढ़ी लहरा उठी। चश्मे के नीचे आँखें कमान की तरह तन गईं। नथुने फूल उठे। गले की मोटी-मोटी नसें तनकर जोंक हो गईं। मुँह से फेन गिरने लगा।

और...

और फिर अचानक ही तूफ़ानी पहलवान लस्त हो गए। ढोलक पर कसी हुई हथेलियाँ ढीली पड़ गईं। दाढ़ी स्थिर हो गई। आँखें बन्द। आवाज़ पहले धीमी हुई, फिर घरघराने लगी। तूफ़ानी पहलवान हाँफने लगे। वे चुप हो गए।

साँस...साँस फूलने लगी।

"वाह पहलवान, वाह! ख़ूब गाया।"

दिल्ली के कला-प्रेमी सम्भ्रान्त जन खिल उठे।

"हजूर, बहुत दिन के बाद...।"

आगे कुछ भी नहीं कह सके तूफ़ानी पहलवान। साँस फिर फूलने लगी।

उधर विदाई की तैयारी हो रही थी। लाउडस्पीकर चीख़ रहा था, 'मैके की कभी याद न आए, ससुराल में इतना प्यार मिले...।'

"वाह भाई तूफ़ानी, वाह! मज़ा आ गया। तुम दिल्ली आओ। तुम्हारा एक प्रोग्राम करवाएँगे वहाँ हम। सरकार से रुपया मिलेगा। एक प्रोग्राम का दस हज़ार रुपया।"

"सच्ची हजूर?"

"तुम आओ तो पहले। सीधे श्रीराम सेन्टर चले आना। वहीं हम मिल जाएँगे। बड़ी मशहूर जगह है। देश भर के कलाकार वहाँ इकट्ठे होते हैं। एक बार तुम्हारा आल्हा लोग सुन लेंगे तो चित्त हो जाएँगे।"

"दिल्ली का किराया कितना होगा हजूर?"

"किराया? यही सौ रुपए के क़रीब। फिर तो तुम्हें दस हज़ार मिल ही जाएँगे।"

"हजूर, आज का इनाम कितना दे रहे हैं? बहुत दिनों के बाद आप जैसे बड़मनई मिले हैं। और सच पूछें तो बहुत दिन के बाद हम इतने मन से गाये भी हैं।"

तूफ़ानी पहलवान ने दोनों हाथ जोड़ दिए।

लेकिन ठीक उसी वक़्त पड़पड़ाकर पानी बरसा और दिल्ली के वे कला-

प्रेमी जन अपनी पतलून सँभालते हुए भाग खड़े हुए वहाँ से। पानी झमाझम बरसने लगा।

अब सिर्फ़ बच गईं अमराई में दोनों चारपाइयाँ, जो भीगती रहीं उस धारासार वर्षा में और आम के तने से चिपटे खड़े रहे तूफ़ानी पहलवान हाथ जोड़े। भीगती रही काँधे से लटकी उनकी ढोलक और उसकी डोरियों से टपकता रहा बूँद-बूँद पानी टप्प-टप्प...।

आधारशिला-6, 1990

नदी किनारे शाम

नदी किनारे शाम घिर आई थी। जल पर डूबते हुए सूरज की किरणें रेशमी झालरों की तरह लहरा रही थीं। खेतों में पकी हुई फ़सल झूम रही थी और आसमान चिड़ियों से भर गया था।

इस दृश्य को देखकर क्या मनुष्य और क्या कीड़े-मकोड़े सब प्रसन्न थे। मगर वह उदास था। उसकी दृष्टि में नदी का पानी साँप के पेट की तरह चमक रहा था। खेतों की फ़सल कफ़न की तरह फैली हुई थी और चिड़ियाँ असगुन की तरह प्रतीत हो रही थीं।

बूढ़ा दुखी था। दुख में सुन्दर कुछ भी नहीं होता, सिवा दुख के।

नदी के कगार पर बैठा-बैठा बूढ़ा ऊब गया था।

अब तो सूरज भी डूब गया था।

परदेसी आ रहा हो शायद!

बूढ़ा उठा और चल पड़ा अपनी झोंपड़ी की ओर।

बूढ़ा अकेला था। परदेसी न होता तो वह और भी अकेला होता।

परदेसी एक बच्चे का नाम था। बूढ़े को वह दिलोजान से चाहता था। उस गाँव में बस एक बूढ़ा ही था जिससे वह देश-दुनिया की बातें कर सकता था। बाक़ी लोग तो बस अपनी ही बातें करते थे और अपने ही बारे में सुनना पसन्द करते थे।

परदेसी पढ़ता था। पढ़ने के लिए उसे शहर जाना पड़ता था। शहर में स्कूल था, पुस्तकालय था, अख़बार थे, पढ़े-लिखे समझदार लोग थे। गाँव में यह सब नहीं था।

यह सब गाँव में क्यों नहीं है? परदेसी के लिए यह प्रश्न रहस्य भरा था और वह इसी रहस्य का पता लगाना चाहता था। इसीलिए वह पढ़ता था। जो कुछ पढ़ता था, बूढ़े को भी बताता था। बूढ़ा पढ़ा-लिखा नहीं था, इसलिए वह बच्चे की पूरी बात नहीं समझता था और उसके बताए हुए में से ऐसे निष्कर्ष निकालता था जो अक्सर ही बेतुके होते थे।

परदेसी आता तो बूढ़े के लिए खाना भी अपने साथ लाता। एक रोज़ क्या हुआ कि बूढ़े के खाने में सब्ज़ी नहीं थी। बच्चे को लगा कि बूढ़ा इस बारे में ज़रूर प्रश्न करेगा, मगर बूढ़े ने जब कुछ नहीं कहा तो उसने स्वयं बताना शुरू किया–

"सब्ज़ी के दाम बहुत बढ़ गए हैं। अम्माँ कहती हैं कि हफ़्ते में अब सिर्फ़ तीन रोज़ सब्ज़ी बनेगी।"

"क्यों? क्या खेतों में सब्ज़ी कम पैदा होने लगी है?"

"नहीं बाबा, सब्ज़ी तो खेतों में ख़ूब पैदा होती है, मगर वह शहर की दुकानों में चली जाती है।"

"फिर दुकानदार उसे महँगा क्यों बेचते हैं?"

"कहते हैं पंजाब में आतंकवाद चल रहा है।"

"क्या मतलब?"

बूढ़ा चौंक गया। उसने पंजाब का नाम तो सुना था, मगर इस रूप में नहीं कि वहाँ कोई आतंकवाद भी चलता है। और वह ससुरा इतना ख़तरनाक है कि उसके चलने से सब्ज़ी तक महँगी हो जाती है।

परदेसी थोड़ी देर तक चुप बैठा रहा फिर बर्तन उठाकर चला गया।

कुछ दिन यूँ ही गुज़र गए। सभी ऋतुएँ समय से आईं और गईं, गाँव की कुछ गायों ने अपने बछड़े जने और कुछ ने बछियाएँ। एक कुम्हार जो बहुत दिनों से बीमार था, मर गया। दो युवक डकैती करते हुए पकड़ लिये गए। सब्ज़ी तो महँगी हुई ही थी, अन्य चीज़ें भी महँगी हो गईं...

लेकिन दिन गुज़र गए।

बूढ़े ने समझा कि दुनिया बदल रही है। बदलाव आने पर कष्ट तो सहना ही पड़ता है।

मगर एक रोज़ जब उसने देखा कि परदेसी फफक-फफककर रो रहा है तो वह घबरा उठा।

"क्या बात है परदेसी?"

बूढ़े ने पूछा तो बच्चा सिसकियाँ भरने लगा। बोला, "मेरे एक मास्टर साहब थे, उनकी तरक़्क़ी हो गई..."

"फिर?"

"वे कश्मीर चले गए थे, वहाँ वे बड़े मास्टर साहब कहलाते थे..."

"तो इसमें रोने की क्या बात है?"

"वहाँ भी आतंकवाद पहुँचा और वे मार दिए गए!"

इतना कहते-कहते परदेसी फिर दहाड़ मारकर रोने लगा। बूढ़े की समझ में कुछ भी नहीं आया। उसने कश्मीर का नाम तो सुना था और यह भी सुना था कि जब आतंकवाद चलता है तो चीज़ें महँगी हो जाती हैं, मगर यह ख़बर उसके लिए नई थी कि आतंकवाद किसी को मार भी डालता है।

बूढ़ा डर गया।

उसने परदेसी को अपने सीने से लगा लिया।

"देखो बेटा," बूढ़े ने रुक-रुककर कहना शुरू किया, "शहर से लौटने में तुम देर कर देते हो, यह अच्छी बात नहीं है। ज़माना बहुत ख़राब आ रहा है। रात-बिरात बाहर निकलना ठीक नहीं। दिन रहते घर आ जाया करो। हो सकता है आतंकवाद इस तरफ़ भी आ रहा हो! कहीं रस्ते में तुम्हें पा गया तो...हे भगवान! मेरे बच्चे की रक्षा करना..."

और बूढ़े की आँखों से टप-टप बूँदें टपकने लगीं।

बस उसी रोज़ से बूढ़ा उदास है। उसे कुछ भी अच्छा नहीं लगता। पता नहीं कब गाँव में आतंकवाद आ जाए। यहाँ आकर पता नहीं वह क्या करे! दिन-रात बूढ़ा बस यही सोचता रहता है। न उसे झोंपड़ी में चैन है, न बाहर। अपने आसपास की धरती उसे परायी-सी लगने लगी है और अपने ही गाँव के लोगों पर उसे शक होने लगा है। पता नहीं कब, किस कोने से, किस भेस में वह ससुरा प्रकट हो जाए?

शाम के वक़्त नदी किनारे बैठकर प्रकृति के बदलते हुए रंगों को देखना बूढ़े को पहले बहुत अच्छा लगता था, मगर अब...अब कुछ भी नहीं सुहाता!

अँधेरा धीरे-धीरे घना हो गया था, मगर बूढ़े ने अपनी लालटेन नहीं जलाई थी। परदेसी आएगा तो वही जलाएगा। बूढ़े ने यह शर्त लगा रक्खी है। बच्चे को शहर से जल्दी बुलाने का यही तरीक़ा बूढ़े की समझ में आया है। आख़िर आतंकवाद तो पहले शहर में ही आएगा न! वहाँ सड़क है, रेलवे है, तमाम साधन हैं...और यहाँ? अरे, खेत की मेड़ों पर चलकर आना क्या कोई हंसी-खेल है?

बूढ़ा इसी तरह ऊट-पटाँग की बातें सोचता अपनी झोंपड़ी में बैठा रहा और बाहर की ओर अँधेरे में घूरता रहा।

...कि अचानक परदेसी आया और लालटेन जलाकर चुपचाप बैठ गया। उस रोज़ वह ख़ाली हाथ आया था।

मगर बूढ़े ने ख़ाने के बारे में कुछ नहीं कहा। वह अब समझ गया है कि आदमी को खाना तभी मिल सकेगा जब देश-दुनिया के हालात ठीक रहेंगे।

मगर परदेसी चुप क्यों है?

"क्या हुआ बेटे, चुप क्यों हो?"

बूढ़े ने सवाल किया तो परदेसी ने लालटेन की लौ तेज़ कर दी। अब बूढ़े का चेहरा साफ़ नज़र आने लगा।

"बाबा, एक चमत्कार हो गया है।"

"चमत्कार!" बूढ़ा चौंका।

"हाँ बाबा, चमत्कार! एक मन्दिर और एक मस्जिद में लड़ाई छिड़ गई है।"

"झूठ!" बूढ़ा एकबारगी भड़क गया, "तू थोड़ा-सा पढ़-लिख क्या गया है, तेरा दिमाग़ फिर गया है। भला ईंट-पत्थर भी क्या मनुष्यों के समान हैं जो एक-दूसरे से लड़ेंगे? तू मुझे बहका मत। पहले तूने कहा कि आतंकवाद आनेवाला है, अब कहता है इमारतें लड़ रही हैं। आतंकवाद तो ख़ैर होगा कोई राक्षस-वाक्षस, भेस बदलकर आ सकता है। मगर इमारतों के लड़ने की बात...नहीं, मैं मान नहीं सकता। मैं बूढ़ा हूँ, अपढ़ हूँ, तो इसका मतलब यह नहीं कि तू मुझे चिढ़ाए!"

"नहीं बाबा, मैं चिढ़ा नहीं रहा हूँ, सच कह रहा हूँ। हमारी सरकार ने पूरी ताक़त लगा दी है इस लड़ाई को ख़त्म करने के लिए!"

"अच्छा, तो क्या भगवान मर गए हैं जो सरकार को इतनी चिन्ता हो रही है!" बूढ़ा कुढ़ गया।

"नहीं बाबा, सच! तुम्हें विश्वास नहीं हो रहा है न, देखना अगले चन्द बरसों में क्या होता है!"

इतना कहकर परदेसी उठा और चला गया।

परदेसी के जाने के बाद बूढ़े ने उसकी बात पर नए सिर से विचार किया। तब उसे लगा कि हो न हो आतंकवाद मस्जिदों और मन्दिरों में भी घुस गया हो। आख़िर आज तक तो किसी ने उसे देखा नहीं! और ऐसी-वैसी हवा का क्या ठिकाना वह कहीं भी पहुँच सकती है!

फिर न जाने बूढ़े को क्या सनक सवार हुई कि वह उठा और लालटेन लेकर बाहर निकल पड़ा।

रात काफ़ी गुज़र चुकी थी। चाँद छिप गया था और खेतों में सियार चीख़ रहे थे...

बूढ़ा कई-कई गलियों से गुज़रता हुआ गाँव की मस्जिद के पास पहुँचा और ठिठककर खड़ा हो गया।

बूढ़ा देर तक मस्जिद को घूरता रहा।

फिर अचानक उसे लगा कि मस्जिद रो रही है।

बूढ़े को अपने बचपन के दिन याद आ गए। जब वह छोटा था तो उसकी माँ उसे लेकर यहाँ मौलवी साहब से दुआ कराने आया करती थीं। मौलवी

साहब नमाज़ पढ़कर बाहर निकलते और बच्चों को फूँकते हुए, उन्हें प्यार करते हुए चले जाते थे...

बूढ़े से मस्जिद का रोना देखा नहीं गया। वह सिर झुकाकर वहाँ से चल पड़ा।

बूढ़ा चलता रहा, चलता रहा और गाँव के बाहर पहुँच गया।

गाँव के बाहर एक तालाब था और उस तालाब के किनारे एक शिवाला था।

बूढ़ा शिवाले के पास जाकर खड़ा हो गया।

आश्चर्य! बूढ़े को लगा कि शिवाला भी रो रहा है।

और उसने याद किया कि जब वह छोटा था तो रोज़ रात में यहाँ आया करता था और आरती का प्रसाद लेकर खाया करता था। तब यहाँ रात भर घी का दिया जला करता था...

मन्दिर में अब अँधेरा था।

बूढ़े ने मन्दिर की ड्योढ़ी पर अपनी लालटेन रखी और चुपचाप लौट पड़ा।

अगले दिन बूढ़ा जब अपनी अँधेरी झोंपड़ी में बैठा परदेसी का इन्तज़ार कर रहा था, तभी कुछ अजनबी लोग आए और बूढ़े से भिड़ गए।

''रात में तुम मस्जिद के पास खड़े क्या कर रहे थे?''

उनमें से एक गरजा तो दूसरे ने आगे बढ़कर बूढ़े की गर्दन पकड़ ली।

''और वहाँ शिवाले के पास तुम क्या करने के लिए गए थे?''

बूढ़े ने अत्यन्त संयत स्वर में दोनों प्रश्नों का उत्तर दिया–

''मैं उन जगहों पर इसलिए गया था कि अपने बचपन के दिनों को एक बार फिर याद कर सकूँ...''

''मगर तुम दोनों जगह क्यों गए? क्या तुम्हें नहीं पता कि मस्जिद सिर्फ़ मुसलमानों की होती है और मन्दिर केवल हिन्दुओं का होता है?''

बूढ़े ने तर्क किया–

''अच्छा, यह बताओ कि अगर मेरी जगह तुम लोग होते तो कहाँ जाते?''

''तुमसे मतलब?''

अब बूढ़े को ताव आ गया। बोला–

''अच्छा तो शायद तुम लोगों का नाम ही आतंकवाद है, क्यों?''

बूढ़े का इतना कहना था कि वे अजनबी लोग उस पर बुरी तरह टूट पड़े...और...और सुबह देखा गया कि बूढ़ा आदमी अपनी झोंपड़ी में मरा हुआ पड़ा था।

कई बरस बीत गए।

एक रोज़ की बात है कि मौसम बहुत सुहावना हो रहा था, खेतों में पकी हुई फ़सल झूम रही थी और आसमान चिड़ियों से भरा हुआ था...

उस रोज़ शाम के धुँधलके में परदेसी आया। मगर वह अकेला नहीं था। उसके साथ कुछ नौजवान लड़के थे और लड़कियाँ। जब वे नदी किनारे पहुँचे, परदेसी ने देखा कि एक बूढ़ा कगार पर बैठा है और उदास नज़रों से नदी के जल को घूर रहा है।

परदेसी को आश्चर्य हुआ। बूढ़ा तो मर गया था, यह ज़िन्दा कैसे हो गया?

परदेसी आगे बढ़कर बूढ़े के सामने खड़ा हो गया और बोला–

''बाबा, तुम्हें तो कुछ अजनबी लोगों ने मार डाला था, तुम ज़िन्दा कैसे हो गए?''

बूढ़े ने परदेसी को प्यार से देखा और बुदबुदाया–

''हाँ परदेसी, मैं फिर जी उठा। इस तरह तो वे लोग मुझे कई–कई बार मार चुके हैं। मगर मैं...मैं हर बार फिर जी उठता हूँ। न जाने क्यों, मुझे ऐसा लगता है परदेसी, कि मैं कभी मरूँगा नहीं।''

इतना कहकर बूढ़ा उठा और छपाक से नदी में कूद गया।

पक्षी, जो अपने घोंसलों में छिपकर बैठ चुके थे, फड़फड़ा–फड़फड़ा कर बाहर निकल पड़े और आसमान फिर चिड़ियों से भर गया।

वर्तमान साहित्य, कहानी महाविशेषांक,1991

कोसे का साफ़ा, दुधारी छुरी और एक डिक्शनरी

इनमें से मेरे पास सिर्फ़ डिक्शनरी है।

कोसे का साफ़ा इतना शानदार था कि उस पर कई लोगों की नज़र लगी हुई थी।

कोसे का मतलब पता नहीं कितने लोग जानते हैं। कोसा उस खोल को कहते हैं, जिसमें एक कीड़ा निवास करता है और अपनी खोल में बैठा-बैठा वह एक धागा बनाता है, जिसे सभ्य समाज में रेशम के नाम से जाना जाता है। कोसा शहतूत के पेड़ में होता है, इसलिए लोग इस भ्रम में रहते हैं कि वह शहतूत का फल होगा। शहतूत की फलियाँ तो मीठी और रसदार होती हैं। कोसे से उनका कोई सम्बन्ध नहीं है। कोसा बस एक खोल है, जैसे समुद्र में शंख और मोती के खोल होते हैं, जिनमें समुद्री जीवधारी निवास करते हैं।

ख़ैर, मेरे पास कोसे का जो साफ़ा था, उस पर एक दर्ज़ी की नज़र लग गई और उसने मुझे समझाया कि यह शुद्ध कोसा है, जिसमें कीड़े लग जाएँगे, इसलिए इसका कोई इस्तेमाल कर लो। मैं उसकी बात मान गया और साफ़ा मैंने उसके हवाले कर दिया। फिर हुआ यह कि मेरे लिए तो उसने एक हाफ शर्ट बनाई और बाक़ी बचे कपड़े से एक शानदार कुर्ता, जिसे शहर के एक रईसज़ादे को बेच दिया। शहर का वह रईसज़ादा एकदम हरामुद्दहर था। उसे जब पता चला कि कोसे का वह साफ़ा दर्ज़ी को मेरे पास से मिला है तो उसने मुझसे दोस्ती बढ़ानी शुरू कर दी। दरअसल, उसे यक़ीन हो गया था कि मेरे पास इस तरह की और भी कोई नायाब चीज़ हो सकती है।

और वाक़ई एक नायाब चीज़ उसे मिल गई। वह थी मेरे बक्से में बन्द दुधारी छुरी। उसने उस छुरी को हासिल करने के लिए मुझसे बड़ी मिन्नत-समाजत की और आख़िरकार वह सफल हो गया। वह मेरी दुधारी छुरी मुझसे माँग ले गया। उस वक़्त मुझे यह पता नहीं था कि दुधारी छुरी का तात्पर्य है कवि की वाणी। जब तक यह मालूम होता कि 'कवि की बानि खरग हिरवानी, इक दिस आग दुसर

दिस पानी,' वह दुधारी छुरी अर्थात् कवि की वाणी मुझसे छिन चुकी थी। कुछ दिनों बाद पता चला कि उस रईसज़ादे ने मेरी दुधारी छुरी से अपने एक दोस्त की हत्या कर दी, क्योंकि वह उसका रक़ीब था। इस तरह कोसे का वह मेरा साफ़ा गया और दुधारी छुरी भी चली गई। कालान्तर में उस दुधारी छुरी का किस-किस तरह से इस्तेमाल हुआ, इसका रहस्य अब गोपनीय नहीं रह गया है। उस दुधारी छुरी का इस्तेमाल स्त्री-पुरुष और नेता-अभिनेता सभी तरह के लोग करते रहे हैं और कर रहे हैं। यह सब सोचते हुए कई बातें जेहन में उभर रही हैं। सबसे पहले तो साफ़ा को लीजिए-

वह कोई साधारण साफ़ा नहीं था। वह साफ़ा था मेरी बड़ी बहन के बेटे का, जिसे उसके सर पर उसकी शादी में बाँधा गया था। यहीं पर यह भी बता दूँ कि वह दुधारी छुरी और डिक्शनरी भी उन्हीं की थी। दुधारी छुरी वो इसलिए रखते थे कि अपनी माँ से उन्हें अपनी जान का ख़तरा था। क्योंकि मेरी बहन उनकी सौतेली माँ थीं। और डिक्शनरी इसलिए रखते थे कि पढ़ाई-लिखाई में वो बहुत ज़हीन थे। डिक्शनरी इस बुरी हालत में है कि उसका अता-पता बता सकना मुश्किल है। हाँ, उसकी बड़ी ख़ूबी यह है कि उसमें पुराने नाप-जोख की चीज़ें भली-भाँति समझाई गई हैं। एक चौंकानेवाली बात यह है कि 'इंडिया' के लिए उसमें एक शब्द है Chetak और इजिप्त को Ardeb कहा गया है। यह उन लोगों के लिए अजीब-सा है, जो यह नहीं जानते कि ख़लील किसका नाम था? मैं पहले बता दूँ कि ख़लील और कोई नहीं हज़रत इब्राहिम ही थे, जन्हें Abraham कहा गया है और जिन्हें कोई महादूत (Archangel) स्वर्ग ले गया था।

ख़ैर...

अब आप ख़लील और जलील का क़िस्सा सुनें। ये दोनों सगे भाई थे और मेरी बहन के सौतेले बेटे। ख़लील पढ़ने में तेज़ थे और जलील थे मेकैनिक! जलील मेकैनिक थे, इसलिए उन्हें काम मिल गया ट्रक ड्राइवरी का। ख़लील पढ़ाकू थे, इसलिए वो पढ़ते रहे। जब वो जवान हुए तो मेरी बहन ने उनकी शादी के बारे में सोचा। लड़कियाँ भी मिल गईं और मेरी बहन ने अपने दोनों सौतेले बेटों की शादियाँ धूमधाम से कर दीं। मगर पूरी कहानी में इसके बाद चेंज आ गया। जलील भाई एक भयानक एक्सीडेंट में मर गए और ख़लील भाई को टीबी की बीमारी हो गई। मेरी बहन ने जलील भाई का ग़म तो बर्दाश्त कर लिया, मगर ख़लील भाई का इलाज कराने पहुँच गईं एक मिशनरी अस्पताल में। वहाँ उन्हें भर्ती कर लिया गया। इलाज भी चला। डॉक्टर ने परहेज़ी खाना बताया। ख़ासकर अरहर की उबली दाल। बहन ने मुझे साथ रखा। मुझे अरहर की दाल पसन्द नहीं थी, इसलिए बहन